A arte de entrevistar bem

COLEÇÃO COMUNICAÇÃO

Coordenação
Luciana Pinsky

A arte de entrevistar bem Thaís Oyama
A arte de escrever bem Dad Squarisi e Arlete Salvador
A arte de fazer um jornal diário Ricardo Noblat
A imprensa e o dever de liberdade Eugênio Bucci
A mídia e seus truques Nilton Hernandes
Assessoria de imprensa Maristela Mafei
Comunicação corporativa Maristela Mafei e Valdete Cecato
Correspondente internacional Carlos Eduardo Lins da Silva
Escrever melhor Dad Squarisi e Arlete Salvador
Ética no jornalismo Rogério Christofoletti
Hipertexto, hipermídia Pollyana Ferrari (org.)
História da imprensa no Brasil Ana Luiza Martins e Tania Regina de Luca (orgs.)
História da televisão no Brasil Ana Paula Goulart Ribeiro, Igor Sacramento e Marco Roxo (orgs.)
Jornalismo científico Fabíola de Oliveira
Jornalismo cultural Daniel Piza
Jornalismo de rádio Milton Jung
Jornalismo de revista Marília Scalzo
Jornalismo de TV Luciana Bistane e Luciane Bacellar
Jornalismo e publicidade no rádio Roseann Kennedy e Amadeu Nogueira de Paula
Jornalismo digital Pollyana Ferrari
Jornalismo econômico Suely Caldas
Jornalismo esportivo Paulo Vinicius Coelho
Jornalismo internacional João Batista Natali
Jornalismo investigativo Leandro Fortes
Jornalismo político Franklin Martins
Jornalismo popular Márcia Franz Amaral
Livro-reportagem Eduardo Belo
Manual do foca Thaïs de Mendonça Jorge
Manual do frila Maurício Oliveira
Manual do jornalismo esportivo Heródoto Barbeiro e Patrícia Rangel
Os jornais podem desaparecer? Philip Meyer
Os segredos das redações Leandro Fortes
Perfis & entrevistas Daniel Piza
Reportagem na TV Alexandre Carvalho, Fábio Diamante, Thiago Bruniera e Sérgio Utsch (orgs.)
Teoria do jornalismo Felipe Pena

A arte de entrevistar bem

THAÍS OYAMA

Copyright© 2008 Thaís Oyama
Todos os direitos desta edição reservados à
Editora Contexto (Editora Pinsky Ltda.)

Projeto de capa
Antonio Kehl

Montagem de capa
Gustavo S. Vilas Boas

Diagramação
Gapp Design

Preparação de textos
Lilian Aquino

Revisão
Victor Del Franco

Ilustrações
Dan

Foto da autora
Laílson Santos

Dados Internacionais de Catalogação na Publicação (CIP)
(Câmara Brasileira do Livro, SP, Brasil)

Oyama, Thaís
A arte de entrevistar bem / Thaís Oyama. –
2. ed., 8ª reimpressão. – São Paulo : Contexto, 2024.

Bibliografia
ISBN 978-85-7244-391-3

1. Entrevistas (Jornalismo) 2. Entrevistas (Jornalismo) –
Técnicas I. Título.

08-01352   CDD-070.431

Índice para catálogo sistemático:
1. Entrevistas : Reportagens : Jornalismo   070.431

2024

Editora Contexto
Diretor editorial: *Jaime Pinsky*

Rua Dr. José Elias, 520 – Alto da Lapa
05083-030 – São Paulo – SP
PABX: (11) 3832 5838
contato@editoracontexto.com.br
www.editoracontexto.com.br

Proibida a reprodução total ou parcial.
Os infratores serão processados na forma da lei.

Sumário

Introdução: do que estamos falando 7

Antes 9
Agendando a entrevista 9
A pesquisa 13
Por telefone, por e-mail 16
Gravar ou não gravar 17
Bloco de anotações, modo de usar 20
Dress code: por que não desprezá-lo 21
Você, senhor ou Vossa Excelência? Como tratar seu entrevistado 22
Quebrando o gelo 24

Durante 27
Perguntar não é fazer discurso 27
Saber ouvir: o mais importante 28
Como conquistar a confiança do entrevistado 31
Poker face, falsos elogios e outras dissimulações: pode, sim 33
A pergunta "delicada": como fazê-la? 37
O lugar-comum: formas de evitá-lo 41

Depois 43
A edição 43
O entrevistado e seus pedidos impossíveis 46

Outras mídias 49
Entrevista para a TV 49
Entrevista para rádio 54

Entrevistados difíceis, como lidar 59
    O hostil 59
    O prolixo 63
    O evasivo 64
    O disperso 67
    O mil vezes entrevistado 69
    O fragilizado 71
    O que não tem jeito 74
    Criminosos, acusados e suspeitos 76

Um estilo para chamar de seu 83
    Oriana Fallaci, a provocadora 83
    Roger Martin, o ansioso 88
    Jeremy Paxman, o rottweiler 89
    Gay Talese, o tímido 90

Como transformar uma entrevista em um desastre 93
    Como Policarpo Júnior aprendeu a não começar uma entrevista pelo lide 93
    A pior entrevista de Oriana Fallaci 94
    O pesadelo de Moreno 95
    A não entrevista de Joel Silveira com Getúlio Vargas 96

Bibliografia 101

A autora 103

Introdução: do que estamos falando

É impossível fazer uma boa reportagem – seja ela policial, de economia, um relato de guerra ou um serviço informando o que abre e o que fecha no feriado – tendo feito entrevistas ruins: boas entrevistas sempre rendem boas reportagens. O mesmo princípio vale para entrevistas ruins: é inevitável que acabem em reportagens igualmente ruins.

Boas entrevistas para jornal, no entanto, são diferentes de boas entrevistas para televisão. Da mesma forma que entrevistas "em pé" não têm nada a ver com entrevistadas "sentadas" – abordar o presidente da República na saída de um evento, por exemplo, ao lado de um batalhão de colegas, requer perguntas, táticas e postura bem diferentes das exigidas em uma conversa agendada no Palácio do Planalto.

Uma entrevista também pode tomar rumos muito diferentes dependendo das razões que levaram o entrevistador a procurar o entrevistado. Se o segundo é um especialista em uma doença, digamos, ou no estudo de um determinado fenômeno social, e esse é o motivo da conversa, a tarefa do repórter será a de tentar extrair dele análises, números, estudos, exemplos de casos – ou seja, informação. Se, ao contrário, o entrevistado é um escritor, diretor de cinema ou qualquer um que possa despertar a curiosidade do leitor por sua obra ou gênio, as questões – e a maneira de abordá-las – serão outras. Aqui, a tarefa do repórter não é mais a de extrair informação, mas, sobretudo, a de mostrar quem é o entrevistado e o que ele pensa.

O jornalista Nilson Lage, professor da Universidade Federal de Santa Catarina, em seu livro *A reportagem: teoria e técnica de entrevista e pesquisa jornalística*, classifica a entrevista, do ponto de vista do objetivo, em quatro categorias: "ritual" (brevíssima, feita "em pé" e que, embora possa resultar em declarações surpreendentes, quase sempre não passa de mera formalidade), "temática" (em que o entrevistado fala sobre um assunto que, supostamente, domina), "testemunhal" (quando ele discorre sobre algo de que participou ou assistiu) e "em profundidade" (aquela em que o foco está na figura do entrevistado, na atividade que desenvolve ou na sua personalidade). É uma divisão clássica e, em certa medida, bem resolvida. Aqui, preferi simplificar e dividir a entrevista em apenas duas categorias: a de informação – que pode ser breve, longa, testemunhal ou temática – e a de perfil – aquela em que se procura, por meio de perguntas e respostas, mostrar quem é o entrevistado. Reuni a minha experiência na profissão, quase toda baseada no jornalismo impresso, as palestras que tenho dado sobre o tema desde 2003, e a generosa contribuição de 11 jornalistas talentosos para descrever os encantos, segredos e ciladas daquilo que é a base da reportagem e, na minha opinião, seu momento mais prazeroso.

Antes

Como marcar uma entrevista, preparar-se para ela, escolher o local do encontro e o equipamento a ser usado. E, ainda: a importância do *dress code* do entrevistador elegante.

Agendando a entrevista

Políticos, empresários, cientistas, celebridades e celebridades instantâneas, todo mundo, hoje em dia, tem um assessor de imprensa. As únicas pessoas que parecem ter mantido o hábito de atender pessoalmente telefonemas de jornalistas são professores, cientistas e pesquisadores. No universo acadêmico, a figura do assessor de imprensa (ainda) é algo raro. Em condições normais, o melhor é recorrer a ele antes de qualquer coisa. Tentar atropelá-lo ligando diretamente para o entrevistado não só costuma ser ineficiente (na maior parte das vezes, o repórter intrépido irá esbarrar em uma secretária ou assistente que se

10 A arte de entrevistar bem

limitará a dar o telefone... do assessor de imprensa), como pode transformar em inimigo alguém de quem se dependerá muito.

É para o assessor, em primeiro lugar, que o repórter irá apresentar-se, dizer para qual veículo trabalha, qual o teor da matéria que está fazendo e por que gostaria de falar com o entrevistado. Bons assessores de imprensa são de grande ajuda para o repórter. Os melhores não se limitam a fazer a ponte entre o jornalista e o entrevistado: muitas vezes, colaboram para tornar a entrevista mais interessante. Próximos do chefe, eles têm conhecimento de seus mais recentes movimentos, interesses, alianças, dissabores, projetos. E sabem que relatá-los antecipadamente ao repórter pode ser bom para os dois lados. Quando acompanha uma entrevista do superior, o assessor experiente, em vez de atrapalhar, usa da sua habilidade para "puxar" casos interessantes, encorajar confidências – naturalmente quando considera que sua divulgação é, pelo menos, inofensiva para o entrevistado – e aparar eventuais tensões entre ele e o jornalista. Em Brasília, Ana Tavares, ex-assessora de Fernando Henrique Cardoso na presidência da República, faz isso brilhantemente. Assessores como Ana sabem que, para merecer destaque, uma entrevista não pode se limitar a ser confortável para o entrevistado – e anódina e previsível para o leitor.

Na minha casa ou na sua?

O território do entrevistado é sempre preferível. Deixa a fonte mais confiante e mais à vontade. Depois, se a entrevista for do tipo perfil – ou seja, se for girar mais em torno da figura do entrevistado do que das informações que ele possa dar –, o repórter, estando em sua casa, tem a oportunidade de observar livros, fotos, objetos de arte e outros itens reveladores da personalidade do personagem. Essas informações servirão para conhecer melhor o entrevistado, inspirar perguntas e ajudar a compor o texto de apresentação da entrevista.

Como conseguir que o entrevistado marque a entrevista na casa dele? Responde o jornalista Joel Silveira, que entrevistei para este livro poucos meses antes de sua morte, em agosto de 2007: "Se ele marca no gabinete, eu digo: 'Não, presidente, eu prefiro na sua casa. Se o senhor me permitir'". Simples assim? "Simples assim", respondeu Joel. "E sempre deu certo." Em 60 anos de carreira, o jornalista entrevistou seis presidentes da República, todos em suas casas.

Depois da casa do entrevistado, os melhores locais para fazer uma entrevista são:

1) Restaurante
2) Avião
3) Escritório do entrevistado

Restaurantes inspiram conversas mais íntimas – deixam o entrevistado, em geral, mais amigável, mais falante. E se a refeição incluir uma taça de vinho, tanto melhor. É preciso só ter certeza de que o lugar é tranquilo e de que tem acústica razoável. Do contrário, o momento de tirar a fita pode virar um pesadelo. Avião é ótimo, sobretudo no caso de entrevistados com agenda atribulada, como candidatos em campanha eleitoral. Eles podem não ter uma brecha para receber jornalistas naquela semana, mas sempre terão um voo marcado para algum lugar. Tendo a colaboração do assessor de imprensa e convencendo a sua chefia de reportagem a bancar o dinheiro da passagem, é só apertar os cintos e ser feliz – quanto mais longe o destino, maiores as chances de sucesso. A melhor entrevista que fiz com Luiz Inácio Lula da Silva, publicada na revista *Veja* em 1998, ocorreu durante um voo entre Belém do Pará e São Paulo. Ele falou pela primeira vez de seu desânimo em partir pela terceira vez para uma disputa pela presidência da República, que sabia perdida, criticou o PT, revelou desafetos e relatou episódios em que se sentiu vítima de preconceito por ser "pobre e famoso" – condição que o impedia, por exemplo, de ir a um restaurante de luxo que sonhava conhecer ou de

12   A arte de entrevistar bem

"levar a Marisa para um baile e beber e dançar até me acabar". Certamente colaborou para o resultado da entrevista o fato de ela ter sido feita em um avião. Tudo lá joga a favor do repórter: assessores não entram para interromper a conversa, o serviço de bordo ajuda a relaxar o entrevistado, o celular dele não toca e ele só consegue se desvencilhar do repórter se tiver um paraquedas à mão.

Quanto aos escritórios, eles estão incluídos na lista das boas opções por terem vantagens parecidas com aquelas que casas oferecem: o entrevistado fica mais confiante, já que está em território próprio, e o ambiente pode ajudar o repórter a entender melhor o personagem ou inspirar perguntas.

Já os piores locais para entrevistar alguém são:

1) Qualquer lugar em que o entrevistado possa ser interrompido a toda hora. A opção por um restaurante, por exemplo, não vale para entrevistas com jogadores de futebol, artistas de TV e celebridades em geral. É a alegria dos fãs e a desgraça do entrevistador.

2) No escritório do advogado ou assessor de imprensa do entrevistado. Primeiro, porque indica, logo de saída, que o repórter encontrará um interlocutor precavido e defensivo. Depois, porque o ambiente inspira uma formalidade excessiva – e formalidades excessivas resultam em entrevistas chatas (veja o item *Quebrando o gelo*, p. 24).

Há ainda situações especiais, como as que envolvem entrevistas secretas, em que o entrevistado, por algum motivo, não pode ser visto na companhia do repórter. Nesse caso, a saída é alugar um quarto ou sala de reunião de um hotel. Outra alternativa é arriscar o interior de um carro ou um parque afastado da cidade. Esse tipo de situação ocorre frequentemente quando o entrevistado é alguém que está fazendo uma denúncia que envolve alguma espécie de risco para ele. Ou quando algum episódio de grande repercussão desloca dezenas de jornalistas para uma mesma cidade, como no caso do Dossiêgate em 2007. Nele, o centro das investigações estava em Cuiabá (MT), onde o empresário

Luis Antonio Vedoin – acusado de chefiar a máfia dos sanguessugas e de vender a petistas material comprometedor sobre políticos tucanos – havia sido preso. Eu e o repórter Alexandre Oltramari, da sucursal da *Veja* em Brasília, estávamos na cidade, participando da cobertura do caso. Um dos investigadores envolvidos aceitou falar conosco, mas, como queria que a conversa ficasse em *off*, não podia ser visto, por jornalistas ou conhecidos, na nossa companhia. Para assegurar que isso não aconteceria, fizemos a entrevista dentro do carro do investigador, enquanto ele guiava a esmo pela cidade. Um encontro num restaurante ou *lobby* de hotel seria inviável numa cidade como Cuiabá, onde os repórteres esbarravam-se a todo instante.

A pesquisa

Uma entrevista bem-sucedida resulta de um conjunto de fatores que, desgraçadamente, independe do repórter. O humor do entrevistado, o domínio que ele tem da pauta ou o tempo disponível para a conversa, por exemplo, podem influenciar bastante o resultado, mas são elementos que o entrevistador não controla. Dentre todas as variáveis que determinam o destino de uma entrevista, a única que é de exclusivo domínio do repórter, excetuando-se, evidentemente, o seu talento, é a pesquisa. Obrigatória, imprescindível, uma pesquisa bem feita aumenta enormemente as chances de uma boa entrevista. E o contrário é igualmente verdadeiro. Acostumado a entrevistar, o jornalista Edney Silvestre sentiu o que é ser vítima de um colega despreparado quando se viu no papel de entrevistado. Em 1995, ele lançou seu primeiro livro de crônicas (*Dias de cachorro louco: 27 histórias de Nova York*). Convidado a falar sobre a obra em um programa de televisão transmitido ao vivo, o jornalista ficou perplexo quando o apresentador, depois de dar-lhe as boas-vindas, pediu-lhe que falasse sobre "o seu novo guia turístico". "Foi uma situação rara", lembra

Edney. "Não se tratava de um repórter que não lera a obra do entrevistado, como não chega a ser incomum, mas de um jornalista que não se dera ao trabalho de olhar o título do livro!" Desnecessário dizer que a entrevista foi um fracasso. "Em compensação, a experiência reforçou para mim a necessidade de fazer o dever de casa antes de entrevistar quem quer que seja", diz Edney, que já foi correspondente internacional da TV Globo e do jornal *O Globo* e, desde 2002, apresenta o programa de entrevistas *Espaço Aberto*, na GloboNews.

A pesquisa serve para conhecer o entrevistado e seu trabalho e, a partir daí, elaborar uma pauta interessante. Mas também para saber o que já lhe foi perguntado. Não necessariamente para não perguntar de novo, mas para evitar que o entrevistado venha com aquela ótima frase que ele já disse em vinte entrevistas anteriores. Isso acontece com mais frequência com personalidades que têm grande experiência com a imprensa. Lula, por exemplo, ao falar da sua infância, irá contar os mesmíssimos episódios que todo mundo já leu: o trauma pelo fato de o pai truculento ter-lhe dito que ele não sabia chupar sorvete ou o choque diante da descoberta de que seus meio-irmãos usavam sapatos com meia enquanto ele andava descalço. São episódios reveladores da história do ex-metalúrgico e podem mesmo ser importantes para entender sua formação. O problema é que, ao repeti-los com frases idênticas e idêntica carga emocional, Lula tira qualquer impacto que a "revelação" possa ter: "esfria" a entrevista.

O que fazer nesse caso? Deixar que o entrevistado exponha seu episódio de estimação, sim, mas fazer com que ele vá além do *script*. No caso de Lula, seria possível perguntar, por exemplo, em que medida o episódio ao qual ele se refere com tanta frequência o influenciou na vida adulta. Melhor do que engolir uma resposta usada. Evidentemente, estamos falando aqui de uma entrevista exclusiva e previamente agendada, uma entrevista "sentada" – mais comum em revistas e edições dominicais dos jornais. Mas, ainda que se trate de uma entrevista surgida na última hora, exclusiva ou coletiva, e marcada para dali a trinta minutos – ocorrência frequente na vida de repórteres de jornal –, o princípio é o mesmo: não se chega diante do entrevistado sem um mínimo de conhecimento a respeito dele, do seu trabalho ou do assunto do qual ele está se ocupando naquele momento. Se não houve tempo nem sequer de dar um google antes de sair da redação e imprimir alguma coisa para ir lendo no caminho, telefone do carro da reportagem para um colega, uma fonte, qualquer um que esteja mais inteirado a respeito do assunto ou do personagem em questão – um mínimo de preparo sempre dá para conseguir.

Como eu faço

Antes de fazer uma entrevista, seja ela de informação ou de perfil, mergulho na leitura da maior quantidade possível de material publicado sobre e pelo entrevistado. No caso da entrevista-perfil, aquela em que o foco está no entrevistado e não no assunto do qual ele trata, gosto também de conversar antes com seus amigos e inimigos. Faço isso sempre que o prazo permite, porque sei que a entrevista ficará muito melhor. Antes de entrevistar Paulo Coelho para as Páginas Amarelas da *Veja*, em agosto de 2001, por exemplo, ouvi de um amigo do escritor a sugestão para que lhe perguntasse se continuava falando por telepatia com "J", o misterioso empresário que mora na Holanda e a quem Paulo Coelho se refere, em alguns de seus livros, como "mestre". O amigo não revelou o motivo da sugestão, mas eu fiz a pergunta assim mesmo e ela foi fundamental para a entrevista. Paulo Coelho respondeu a ela de forma bastante irritada, dizendo que achava telepatia "um negócio sacal" e que fax era muito mais prático. Somada a outras respostas do escritor, a frase deixou claro que ele, na ocasião empenhadíssimo em conseguir uma vaga na Academia Brasileira de Letras, queria a todo custo distanciar-se da figura do "mago" – termo que ele mesmo usava para se apresentar durante a sua fase esotérica.

16   A arte de entrevistar bem

Tendo lido o máximo possível sobre o entrevistado e conversado com seus amigos e desafetos, processei tudo e tentei identificar as curiosidades que me restaram sobre o personagem: o que ele ainda não disse, que traço de sua personalidade é desconhecido do leitor, que faceta sua me interessaria conhecer. Definidas as questões, está definido o rumo da entrevista: é com base nelas que eu vou montar a minha lista de perguntas – que, na verdade, não contém perguntas, mas tópicos e lembretes (leia o item *Bloco de anotações, modo de usar*, p. 20).

"*Gera interferências e distorce ou destrói qualquer naturalidade que possa existir entre o observador e o observado: o nervoso beija-flor e seu predador potencial.*"

(O "predador potencial" Truman Capote, explicando por que não usa gravadores nas suas entrevistas).

Por telefone, por e-mail

O escritor Gay Talese, perguntado por Robert Boynton, autor do livro *The New New Journalism*, se costumava fazer entrevistas por e-mail ou telefone, respondeu que nem endereço eletrônico tinha e que telefone, para ele, servia só para marcar entrevistas. Gay Talese pode se dar ao luxo de exagerar, mas o fato é que todo jornalista que já fez mais de dez entrevistas concorda que, numa escala de valores, a melhor entrevista é a pessoal. Em segundo lugar, vem a entrevista feita por telefone e, por último, a entrevista por e-mail. A entrevista por telefone, por não permitir o "olho no olho", diminui a capacidade de persuasão e percepção do repórter: fica mais complicado, por exemplo, convencer a fonte a dar uma informação que ela hesita em fornecer ou perceber se ela se mostra particularmente vulnerável diante de um determinado tema.

Não vejo um único aspecto positivo no uso do telefone, além do fato evidente de que ele permite alcançar gente de outra forma inalcançável. Já em relação ao e-mail, nem essa vantagem existe – uma vez que, na pior das hipóteses, a conversa pode se dar... por telefone. E-mails retiram a espontaneidade da fala, deixam o entrevistado preguiçoso (é muito mais fácil falar do que escrever) e podem induzir a erro – não se tem nem mesmo a garantia de que se está falando com quem se deseja falar. Mas o pior de tudo é que eles anulam uma das principais prerrogativas do repórter, que é a de contestar uma resposta mediante uma outra pergunta. O repórter pergunta tudo de uma só vez e o entrevistado responde de uma só vez – e da maneira que quiser. Confortável demais – para o entrevistado, claro.

A jornalista Regina Echeverria, que assinou entrevistas memoráveis com artistas em geral e cantores em especial, e que é também autora de *Furacão Elis*, detesta tanto o correio eletrônico que prefere perder uma entrevista a ter de recorrer a ele. "Além de tirar a naturalidade da fala e não permitir o contraditório, ele impede a 'conquista' do entrevistado", diz ela. "E a entrevista é a arte da conquista." Nos Estados Unidos, o hábito de responder entrevistas por e-mail é muito mais disseminado do que aqui. Sérgio Dávila, correspondente da *Folha de S.Paulo* em Washington e autor do livro *Diário de Bagdá, a guerra segundo os bombardeados*, adotou uma prática que minimiza os prejuízos da entrevista eletrônica. "Se o entrevistado só aceita conversar desse jeito, eu negocio com ele um formato 'vaivém'. Ou seja: eu mando as perguntas, ele manda as respostas, mas eu posso fazer outras perguntas com base nas primeiras respostas."

Gravar ou não gravar

Truman Capote odiava gravadores. Não gostava nem mesmo de usar bloco de notas. Reza a lenda que, para escrever *A sangue frio*, o escritor contou apenas com a memória. Entre os repórteres que conheço, só Jorge Moreno tem capacidade parecida. O colunista de *O Globo* tem quase quarenta anos de carreira, entrevistou todos os maiores políticos brasileiros e orgulha-se de ter uma memória capaz de arquivar uma entrevista de página inteira em formato pingue-pongue. Sua capacidade de gravar o que ouve é tamanha que ele chega a memorizar até o que não quer. Conta Moreno que, em 1978, estava em Fortaleza cobrindo um evento do qual participava Paulo Brossard, então candidato a vice-presidência da República pelo MDB na chapa encabeçada pelo general Euler Bentes. A reunião do Colégio Eleitoral que definiria a chapa vencedora estava prestes a ocorrer (o indicado seria o general João Figueiredo, com Aureliano Chaves de vice). Terminado o evento, Moreno voltou ao hotel e começou a escrever a matéria para enviá-la à redação. Ao seu lado, um colega trabalhava na degravação do discurso de Brossard, cuja íntegra o chefe pedira. "Ele punha a fita e voltava, punha e voltava. Fez isso tantas vezes que eu acabei decorando o texto todo. Até hoje, o discurso está na minha cabeça." A memorização involuntária não foi de todo inútil. "O Brossard virou ministro do Supremo Tribunal e, às vezes, quando eu queria falar com ele e ele vinha com aquela conversa de que ministro não fala, eu começava a recitar trechos do tal discurso dele. Ele ficava todo embevecido e amolecia."

Eu, como não tenho nem um *byte* da memória de Moreno ou de Capote, embora concorde que o gravador muitas vezes ajuda a inibir o entrevistado, considero-o imprescindível em alguns casos – alguns. Digamos que o repórter esteja envolvido em uma matéria de saúde sobre, por exemplo, obesidade. Ela, certamente, vai envolver uma série de entrevistas com médicos, pesquisadores e, eventualmente, portadores da doença. Os especialistas falarão por vários minutos, ajudarão o repórter a entender o assunto, esclarecerão suas dúvidas e aparecerão na matéria com uma ou duas aspas, no máximo. Nesse caso, é muito mais produtivo fazer anotações. Mesmo porque, se for gravar cada uma de suas conversas com os diferentes especialistas, o repórter não fará outra coisa a não ser

Antes **19**

escutar fitas, degravá-las e editá-las – perda de tempo. Agora, digamos que haja na matéria um box com o depoimento de alguém contando o que é ser obeso. É o tipo de entrevista que não pode deixar de ser gravada. Nela, o "colorido" da fala do entrevistado é fundamental: ritmo, vocabulário, estilo, tudo cresce em importância e pode enriquecer a informação que se quer transmitir ("o que é ser gordo").

Gravadores, em resumo, são fundamentais, no caso de depoimentos em primeira pessoa, entrevistas pingue-pongue, entrevistas em outra língua e entrevistas difíceis (porque são longas, porque o entrevistado pode voltar atrás ou porque o assunto é complexo ou muito técnico). Algumas vantagens:

→ Preservam a fala do entrevistado tal como ela é.

→ São ótimos *backups* para entrevistas por telefone, em que o repórter digita diretamente na tela do computador (e corre o risco de ver as palavras sumirem subitamente, em caso de pane).

→ Dispensam o repórter da tarefa de tomar notas e possibilitam que ele se dedique exclusivamente a ouvir o entrevistado, olhando-o nos olhos.

→ Possibilitam ao entrevistador que ouça quantas vezes quiser a entrevista, de maneira a poder analisar a sua performance e corrigi-la.

Mas gravadores quebram. E, pior do que descobrir isso no meio de uma entrevista é perceber isso DEPOIS da entrevista. A sensação de apertar a tecla "*play*" e deparar com o mais puro silêncio é aterradora. Só quem já passou por isso sabe do que eu estou falando (Cf. item *Como transformar uma entrevista em um desastre – O pesadelo de Moreno*, p. 95). Adotei há pouco tempo uma tática simples e infalível para evitar essas surpresas: levo – e deixo ligados – dois gravadores. Assim, se um falhar, o outro já está a postos, funcionando. Além disso, dois gravadores eliminam aquela desconfiança que tensiona o repórter e faz com que ele, volta e meia, se volte para o aparelho para checar se a fita está rodando.

Etiqueta para uso do gravador

➜ Perguntar ao entrevistado se ele se incomoda em ter a entrevista gravada.

➜ Dizer-lhe para que fique à vontade se também quiser gravar a conversa em seu próprio aparelho.

➜ Avisar o momento em que o gravador for ligado (principalmente se estiver fazendo uma entrevista por telefone).

➜ Desligar o aparelho quando o entrevistado disser que o que vai falar ou está falando é *off* (leia mais sobre *off* na p. 47).

➜ Desligar o aparelho se o entrevistado interromper a conversa para falar ao telefone, por exemplo.

➜ Ter sempre fitas e pilhas extras à mão para não ser forçado a interromper a entrevista antes do tempo.

Bloco de anotações, modo de usar

Eu adoro blocos de anotação e não dispenso um nem quando uso gravador. Ele é útil porque:

➜ Faz as vezes de *backup* no caso de o gravador pifar (partindo do princípio de que o repórter anotou os principais trechos da conversa) ou, ao menos, ajuda a rememorar a conversa (supondo que o entrevistador tenha registrado as melhores frases ou a sequência do diálogo).

➜ O lado interno da capa é um lugar perfeito para anotar as perguntas que se pretende fazer (ou os tópicos que irão inspirar as questões): escrita lá, a lista pode ser consultada facilmente e de forma discreta. E ainda fica protegida de eventuais olhares curiosos da parte do entrevistado.

➜ Ainda que o repórter leve um gravador, pode usar o bloco para anotar palavras-chave referentes a raciocínios a que o entrevistado deu início mas não finalizou. O recurso é útil para evitar que, diante de entrevistados dispersos (Cf. o item *O disperso* do capítulo *Entrevistados difíceis, como lidar*, p. 67), o jornalista também se perca.

➔ Servem como um roteiro para orientar a edição da entrevista – supondo que o repórter tenha anotado pelo menos as palavras-chave referentes aos momentos mais importantes da conversa.

➔ Blocos – abertos, fechados, em uso ou ociosos – servem ainda para sinalizar mensagens para o entrevistado, como ensina Sérgio Dávila. Diante de um entrevistado prolixo ou que não consegue dizer nada de interessante, Dávila usa uma tática aprendida com Élio Gaspari: para de fazer anotações. Mensagem implícita: "O(a) senhor(a) não está agradando. Trate de ser mais conciso(a) ou de mudar de assunto". Fechar discretamente o bloco é outro "gesto-recado" – nesse caso: "Estou satisfeito com a conversa e preciso ir embora". Sim, blocos também falam.

Dress code: por que não desprezá-lo

É desnecessário gastar mais do que algumas linhas para lembrar: não se entrevista um presidente de empresa ou ministro de tribunal vestindo calça jeans detonada ou aquele modelo ultraconceitual desenhado pelo amigo estilista, a não ser que a ideia seja fazer um *fashion statement* e não uma reportagem. Vestir-se "errado" – o que, nesse caso, significa vestir-se de maneira a causar estranheza no entrevistado – ajuda a criar uma distância entre o repórter e o objeto da sua entrevista, que é tudo o que não se quer nesse momento (sinto dizer que cortes exóticos de cabelo produzem igual efeito, pelo menos no caso de repórteres que não trabalham na *Rolling Stone)*.

Agora, o que é "errado" em Brasília, pode não ser "errado" no Rio ou São Paulo. Na capital federal, onde o trabalho jornalístico gira em torno da cobertura política, os repórteres se vestem invariavelmente de terno e gravata e as mulheres exibem um estilo formal, com preferência para o *tailleur* ou terninho. Qualquer produção que fuja radicalmente desse padrão causará estranheza. Já no Rio, o que espanta é o excesso de formalidade. Da mesma forma, na maior parte das capitais do nordeste, repórteres só usam terno para entrevistar de governador para cima. São Paulo talvez seja a cidade que tenha as redações mais ecléticas, em matéria

22 A arte de entrevistar bem

de figurino de repórteres. Nos grandes veículos, a diversidade de editorias torna a paisagem bem mais heterogênea. Quem cobre artes, por exemplo, tem mais liberdade para exercitar o próprio estilo – assim como o pessoal da moda. A turma da política deixa sempre um paletó pendurado na cadeira, ao passo que a de esportes se sente à vontade para trabalhar de tênis. Em suma: em se tratando de figurino, tudo o que não afugente o seu entrevistado está certo.

Você, senhor ou Vossa Excelência? Como tratar seu entrevistado

Carlos Tramontina era ainda um jovem repórter quando, em 1985, foi escalado para cobrir o encontro que o então candidato à prefeitura de São Paulo, Jânio Quadros, teria com o banqueiro e então ministro das Relações Exteriores, Olavo Setúbal. A reunião seria decisiva para definir se o PP (Partido Popular), partido de Setúbal, iria ou não apoiar a candidatura de Jânio. Ao final do encontro, candidato e ministro adentraram a sala onde se apinhavam dezenas de repórteres que os aguardavam. Tramontina, pela TV Globo, foi escalado pelos colegas para fazer a primeira pergunta da coletiva. Ele conta o episódio em seu livro *Entrevistas*: "Enchi o peito, orgulhoso da responsabilidade, e soltei a indagação mais óbvia para a situação: "O que vocês conversaram?". Ao que Jânio Quadros, "irado e com os olhos esbugalhados", respondeu: "'Vocês' o senhor diga aos seus iguais, a mim trate-me de senhor!". Tramontina conta que, para ele, a entrevista terminou naquele momento. "Afastei-me atordoado, como se tivesse recebido um potente soco no estômago." O trauma só passou depois que, ao longo das muitas entrevistas que fez com Jânio, o jornalista percebeu que fazia parte do estilo histriônico do político "provocar os jornalistas como forma de se valorizar, ser notícia". De qualquer forma, Tramontina não só nunca se esqueceu do episódio como até hoje só chama seus entrevistados de "senhor" e "senhora". "Apenas em dois casos abro mão desse princípio: quando vou fazer uma pergunta a alguém que é flagrantemente mais jovem do que eu – e, nesse caso, sempre pergunto, logo na abertura da entrevista, se há algum problema em eu chamá-la de você – e no caso de artistas e esportistas, em que a praxe e o senso comum permitem que se trate por você. Ninguém vai se dirigir ao Pelé chamando-o de 'senhor Pelé', nem à Gal Costa como 'dona Gal'", diz.

Ou seja: a regra geral, prescrita pelos manuais de redação e pela boa educação, pede que tratemos o entrevistado, a princípio, sempre por "senhor". Mais do que isso é exagero. Ao menos nos países ocidentais – tirando o papa, monarcas e outros representantes da nobreza – o tratamento é perfeitamente adequado. O que eu noto, no entanto, é que não apenas determinadas categorias de entrevistados parecem combinar melhor com um tratamento mais informal como também alguns repórteres têm a capacidade de chamar os entrevistados de "você" de maneira que isso soe bastante natural. Nesse caso, e também quando o próprio entrevistado solicita o tratamento, não vejo problemas em adotá-lo. O que é triste de se ver é o repórter que, em busca de uma intimidade que não lhe foi oferecida, sai logo, como se diz no Nordeste, "batendo na barriga" da fonte, como se fosse seu compadre.

Uma vez ministro, sempre ministro

Políticos são um caso à parte. O tratamento continua sendo "senhor", com a diferença de que costumamos chamá-los pelos seus cargos. "Senador, o senhor é contra ou a favor da proposta do governo?" E, não, obviamente, "Senhor Tasso Jereissati, o senhor apoia ou não...". Em Brasília, repórteres que cobrem o Congresso costumam caprichar na etiqueta. Deputados eleitos líderes de seus respectivos partidos na Câmara, por exemplo, não são chamados simplesmente de deputados, mas de líder mesmo: "Líder, qual vai ser a orientação que o senhor dará à sua bancada na próxima votação?". Outra regra do protocolo político é a de se chamar o sujeito pelo cargo mais importante que ele ocupou. Assim, Fernando Henrique Cardoso, por exemplo, ainda que concorra e se reeleja senador, será sempre "presidente". O mesmo se aplica a fontes que já ocuparam um cargo público e hoje estão momentaneamente sem nenhum, ou já aposentadas. Uma vez ministro, sempre ministro. Chame-os assim. Eles adoram.

Quebrando o gelo

Trabalhei numa ocasião com um repórter recém-formado numa universidade de São Paulo de ótima reputação e que queria se especializar em política. Penso que, como era muito jovem, esforçava-se para mostrar uma postura "profissional" e, por causa disso, parecia sempre muito sério. Chegava sério, falava sério e, ao fazer entrevistas por telefone, era também seriíssimo. Mais de uma vez ouvi seus diálogos com o entrevistado. Era algo do tipo: "Deputado fulano de tal, boa tarde. Sou sicrano de tal, repórter do veículo x, e fui incumbido de entrevistá-lo. O senhor poderia me conceder uma entrevista?". Em caso de resposta positiva, lá ia ele: "Agradecido, deputado. Primeira pergunta, dois pontos". Tirando a formalidade excessiva, não há nada de errado nessa fala, mas fico imaginando como esse repórter se comportaria em uma entrevista pessoal. Ele, provavelmente, entra marchando na sala do entrevistado, aperta sua mão e aguarda a ordem para sentar-se. Sentado, abre imediatamente o bloco e começa: "Primeira pergunta, dois pontos".

Horrível. Não funciona. Uma entrevista tem de ser uma conversa. E uma conversa, para começar, exige um mínimo de cordialidade, simpatia e palavras jogadas fora.

No extremo oposto do repórter a que me referi, está Eduardo Logullo, que além de jornalista, é autor de livros como *Meu mundo caiu: a bossa e a fossa de Maysa*. Simpático por natureza, Logullo é da opinião de que se mostrar à vontade é o primeiro passo para deixar à vontade o seu interlocutor. "Se você se mostra intimidado – seja pelo ambiente, seja pelo nome do artista –, a conversa não flui. É preciso relaxar: comentar um quadro, falar sobre um amigo comum, aceitar o que lhe oferecem: água, café. Quando fui entrevistar o Paulo Coelho pela primeira vez, ele ainda morava em um apartamento bem pequenininho em Copacabana. Eu me lembro que ele se sentou no chão e nós tomamos quase meia garrafa de uísque juntos. Quando você chega a esse ponto, pergunta qualquer coisa.". Evidentemente, não é o tipo de comportamento fácil de forjar: para agir assim, é preciso ser assim. Mesmo tímidos e fóbicos, no entanto, não perderão nada investindo naquela troca de amenidades que faz parte de todo encontro entre duas pessoas que não têm intimidade. Numa entrevista, esse tipo de exercício não serve apenas para quebrar o gelo entre entrevistador e entrevistado, mas também para que ambos se observem. O repórter, por razões óbvias; o entrevistado, para analisar se quem vai inquiri-lo tem uma cara confiável, se parece ter intenções amigáveis etc. Óbvio que esse ritual deve ser breve (dependendo do caso, brevíssimo), mas dedicar alguns segundos comentando a vista da janela ou um episódio que nada tenha a ver com a entrevista, só irá melhorar os resultados do encontro. Como diz o jornalista e professor da Universidade de Oregon, Ken Metzler, autor de *Creative Interviewing: the writer's guide to gathering information by asking questions*: "Por mais formalidade que a ocasião exija, é preciso lembrar que uma entrevista é, antes de tudo, uma conversa entre humanos – não uma tarefa mecânica que se resume a "um pergunta o outro responde".

Durante

Pronto: você conseguiu a entrevista, preparou-se para ela e agora, bloquinho em punho, está diante do entrevistado. A brincadeira vai começar. Vamos a ela:

Perguntar não é fazer discurso

Recebi o seguinte bilhete de um jornalista recém-formado em uma palestra que fiz para estudantes do Curso Abril, da Editora Abril. "Não gosto de fazer perguntas simples, que possam soar para o entrevistado como falta de preparo, mas sei que questões elementares também são importantes para que eu possa obter boas respostas para o leitor. Como equilibrar essa relação?".

Esse tipo de pergunta se repete frequentemente. Jornalistas em início de carreira preocupam-se muito em fazer perguntas que "pareçam" inteligentes. Eu defendo ardentemente as perguntas simples. Não estou falando daquelas que clamam por um lugar-comum como resposta ("Como se sente, Fernanda Montenegro, ao receber seu octogésimo prêmio de melhor atriz?"), mas das que são feitas de forma objetiva, clara e concisa.

Há quem ache que ganha alguma coisa rebuscando bem sua questão, enfeitando-a com citações, hipérboles e arabescos. Eu penso que não apenas se perde tempo com isso, como se corre o risco de desestimular o entrevistado a falar, já que ele tem a impressão de que o repórter está mais interessado em exibir sua sabedoria e verve do que em ouvi-lo. Para produzir um bom texto, costumava dizer Winston Churchill, que entendia do assunto, é preciso escolher "das palavras, a mais simples; da mais simples, a menor". O mesmo vale para perguntas numa entrevista. Quanto mais diretas, do ponto de vista da compreensão, melhor.

Saber ouvir: o mais importante

Saber conversar é diferente de saber entrevistar. Se você é um sucesso social, um *entertaineur* por natureza, um conversador charmoso, pode aspirar o lugar de Jô Soares, mas não será por causa disso que chegará a Gay Talese (leia o item *Gay Talese, o tímido*, p. 90). O bom entrevistador é aquele que, antes de tudo, sabe ouvir. E saber ouvir implica, antes de tudo, ser curioso. Quando um repórter tem genuína curiosidade sobre o entrevistado ou sobre o assunto do qual ele trata, isso fica evidente na maneira como ele se comporta, reage, fala – e isso estimula o entrevistado a expor-se cada vez mais.

O inverso também é verdadeiro. Nada mais desanimador do que falar para quem dá a impressão de estar entediado, com pressa ou, pior, já ter opinião formada sobre o assunto. Às vezes, na pressa de liquidar todas as perguntas que trouxe no bolso ou por medo de que o entrevistado pare de falar, muitos jornalistas inexperientes mal ouvem a resposta do seu interlocutor. No meio da frase, eles já estão de olho no bloquinho, preparados para emplacar a próxima questão. Esse comportamento cria uma situação bizarra, com as perguntas do entrevistador apresentando uma esquisita independência das respostas do entrevistado. Como se o último falasse: "E, por causa disso, eu fui obrigado a matar a minha mãe, que acabo de enterrar no quintal". Ao que o repórter – disciplinado seguidor de sua lista de perguntas – responderia: "Hãhã. Agora, gostaria que o senhor falasse do seu último livro.".

Ouvir com propriedade também significa não julgar o entrevistado. Ou, melhor: não expressar seu julgamento. Uma revista publicou certa vez uma entrevista com a ex-primeira-dama Rosane Collor. Na ocasião, ela havia acabado de se mudar para Miami, depois do processo de *impeachment* do marido, Fernando Collor, em 1990. A entrevistadora abria a conversa com a seguinte "pergunta": "Sua casa, no bairro de Bay Harbour, tem 500 metros quadrados de área construída e fica em um terreno de mil metros quadrados, de frente para a ilha onde Julio Iglesias tem casa. Nada mau esse caviar do autoexílio...". Sem entender a ironia da repórter, a ex-primeira-dama prosseguiu alegremente. Descreveu o quão "intensa e maravilhosa" era sua nova vida nos Estados Unidos, onde ela estava descobrindo prazeres até então desconhecidos, como lavar louça – Rosane lembrava que, lá, ao contrário do Brasil, ela não tinha empregados. A frase da jornalista, que se seguiu à resposta da ex-primeira-dama, soou mais um libelo anti-imperialista e antiescravagista com endereço certo do que propriamente como uma questão. "Depois, quando caímos de novo no Brasil Colônia, voltamos ao confortável sistema escravocrata, como se isso fosse o normal, não é?".

O fato de Rosane, aparentemente, não ter de novo compreendido a pergunta, é o que menos importa. Ela é um claro exemplo do que não se deve fazer numa entrevista – menos por uma questão moral (jornalistas julgam, sim, autorizados ou não) do que tática: na imensa maioria das vezes (eu disse "imensa"; exceções existem, leia na p. 59 o item *O hostil* do capítulo *Entrevistados difíceis, como lidar*), demonstrar uma eventual indisposição para com o entrevistado, deixar claro que pensamos diferente dele ou adotar posturas intimidantes só contribui para que a entrevista seja um fracasso. Por um motivo lógico: o entrevistado não vai acreditar que você está lá para saber o que ele pensa.

Menos ego, por favor

Saber ouvir é também saber o momento certo de abrir e fechar a boca, procedimento aparentemente fácil de se aprender: abre-se a boca quando o entrevistado para de falar e fecha-se a boca quando ele abre a dele. Parece simples, mas quem se der ao trabalho de ouvir com calma a fita de uma entrevista que fez na véspera, verá como é espantosa a nossa capacidade de ignorar essa lógica elementar. Atropelamos o entrevistado, interrompemos o seu raciocínio e cortamos suas falas nos momentos mais preciosos. Na maioria das vezes, fazemos isso por ansiedade. Em outras, porque, numa perfeita inversão de papéis, queremos ser ouvidos pelo entrevistado. Não pode haver equívoco maior do que esse.

Para ser um bom ouvinte e, consequentemente, um bom entrevistador, é necessário controlar o próprio ego. Ou, em outras palavras: esquecer quem você é, o que sabe, o que pensa sobre o assunto em questão e lembrar que só o entrevistado existe neste momento: ele é o centro do universo e todos os seus sentidos estão voltados para ele. Assim, em vez de interrompê-lo para demonstrar seu conhecimento sobre o assunto ou preocupar-se em articular lindamente uma frase, dedique-se a ouvi-lo e a estimulá-lo a ir além do que ele está disposto a contar.

Para Jorge Moreno, jornalistas exercitam tão pouco a capacidade de ouvir que, muitas vezes, as notícias passam por eles e não percebem. Quer dizer: não ouvem. Ele cita o exemplo de um episódio ocorrido no Congresso durante o governo José Sarney (1985-1990). Tanto no

Senado quanto na Câmara há salas reservadas para jornalistas que cobrem o cotidiano das duas casas. Lá os repórteres leem os jornais, tomam café, telefonam e, no fim do dia, digitam suas matérias para enviá-las à redação. O comitê de imprensa da Câmara, conta Moreno, sempre teve seus "síndicos": parlamentares que frequentam diariamente o local para bater papo com os repórteres. Até o estouro do escândalo do mensalão, um deles era o deputado José Genoíno (PT-SP). Mas o precursor da categoria foi Roberto Cardoso Alves, o Cardosão, que, naquele tempo, era deputado pelo PMDB. "Ele não saía do comitê", lembra Moreno. "Todo dia, entrava lá e, comentando o troca-troca de partidos que os deputados costumam fazer por interesse, dizia: 'Pois é, é aquela velha história: é dando que se recebe'. Todo mundo estava cansado de ouvir aquela frase da boca dele: 'É dando que se recebe'. Até que um dia chegou um repórter novo no comitê. Eu não me lembro o nome dele, mas foi um repórter que pensou: 'Mas essa frase é muito esquisita. Essa frase é uma apologia do fisiologismo!' A frase foi publicada e foi um escândalo." A máxima virou um símbolo da Nova República e acompanhou Cardosão até sua morte, em 1996. "Embora os jornalistas estivessem cansados de ouvi-la – eu, inclusive –, ninguém percebeu que aquilo era notícia. Isso é a dessensibilização do jornalista, isso é não saber ouvir.".

Como conquistar a confiança do entrevistado

O que diferencia uma entrevista fria e protocolar de outra surpreendente, emocionante e reveladora? Eu não tenho dúvidas de que é, sobretudo, o grau de confiança que o entrevistador consegue inspirar no entrevistado.

Para conquistar essa confiança, ter agido de forma honesta com entrevistados anteriores – ou seja, ter uma boa reputação – é o principal. Demonstrar conhecimento sobre a pessoa ou sua obra e genuína curiosidade de ouvir o que ela tem a dizer também. Mas essa confiança pode ruir no meio da entrevista se, por exemplo, o entrevistado perceber que o repórter não entendeu algo que ele disse e optou por disfarçar a ignorância no lugar de pedir explicações. TODA dúvida deve ser esclarecida, seja ela referente a um raciocínio ou a um termo técnico. Pedir explicações ao entrevistado vai deixá-lo mais seguro. O contrário fará com que ele receie pelo resultado da conversa – e passe a desconfiar de quem está diante dele. Para deixar claro para o entrevistado que suas palavras estão sendo bem compreendidas, o repórter pode, de tempos em tempos, resumir o que ele, entrevistado, acaba de dizer – usando, preferencialmente, as palavras literais. Para entrevistados aflitos, inseguros ou ansiosos, ouvir as próprias palavras, e certificar-se de que elas estão colocadas nos lugares certos, é altamente tranquilizador.

O jornalista americano Lawrence Grobel, famoso pelas entrevistas que fez para a revista *Playboy*, usa uma técnica que aprendeu com um amigo fotógrafo para deixar seu entrevistado mais seguro e à vontade. Encarregado de retratar diferentes tribos nômades africanas, o amigo gastava as primeiras horas trabalhando sem filme na máquina, apenas para que os nativos se acostumassem com a sua presença e desistissem de "fazer pose" para a câmera. Grobel recomenda o uso de recurso semelhante nas entrevistas: deixar o entrevistado falar sobre o que quiser até que esteja suficientemente confortável e relaxado – para começar a falar sobre aquilo que o repórter deseja.

Truman Capote, para atingir o mesmo objetivo, usava uma técnica bastante heterodoxa e, sob diversos pontos de vista, discutível. Ela rendeu ao escritor tantas glórias quanto desafetos. Foi-lhe ensinada por George Davis, um famoso editor de revistas femininas da década de 1950, com quem Capote trabalhou. Dizia Davis: "A melhor maneira de se conhecer um segredo é revelar outro – ainda que ele pertença a outra pessoa". Capote usou a tática com sucesso em várias ocasiões. Uma delas foi quando fez o histórico perfil de Marlon Brando para a *New Yorker* (1956).

O ator estava em Tóquio, no Japão, filmando *Sayonara*, e a conversa aconteceu no quarto do hotel em que ele estava hospedado. Capote entrou lá às 19h, sem nunca ter entrevistado o astro antes. Saiu às 00h30 com um perfil memorável que, dada a natureza das confissões que continha, foi descrito por críticos da época como uma "vivissecção". Brando revelou, entre outras coisas, que já dormira com homens e que se achava incapaz de amar. Falou da angústia que sentia quando criança diante do alcoolismo da mãe e da indiferença que passou a experimentar mais tarde, quando era capaz de pular por cima dela ao vê-la, mais uma vez, caída no chão depois de beber.

Mais tarde, Capote contou como "pegou" Brando: "O segredo da arte de entrevistar – e é mesmo uma arte – é fazer com que a pessoa pense que é ela quem está entrevistando.", disse. "A gente fala de si, e lentamente, vai tecendo a teia para que o outro fale e conte tudo a seu respeito.". Histórias pungentes para contar não faltavam ao escritor, ele mesmo filho de mãe alcoólatra, morta aos 48 anos de uma overdose de barbitúricos. Ao diretor de *Sayonara*, Joshua Logan, Brando confirmou que Capote usou e abusou do recurso "eu também sofri": "Aquele pequeno canalha passou metade da noite me contando os seus problemas. Achei que o mínimo que eu poderia fazer era contar-lhe os meus.". Não é uma tática para qualquer um.

Poker face, falsos elogios e outras dissimulações: pode, sim

Diante de uma declaração bombástica, cara de paisagem – é a melhor atitude que um entrevistador pode ter. Jorge Moreno conta um episódio que ilustra a necessidade e a boa aplicação da tática. Era 1995 e Fernando Henrique Cardoso acabara de suceder Itamar Franco na presidência da República. Num bar de Brasília, o jornalista encontrou um grupo de políticos que saíra de um jantar no Palácio do Jaburu,

34 A arte de entrevistar bem

casa do então vice-presidente Marco Maciel. Moreno sentou-se à mesa com eles e o grupo começou a comentar as conversas que haviam se desenrolado no tal jantar. Numa delas, Antonio Britto, que fora ministro da Previdência de Itamar, falara sobre um estranho hábito que o ex-presidente mantivera durante o seu governo: o de gravar as conversas telefônicas de seus ministros. Britto dissera que Itamar não fazia questão de esconder a prática, já que certa vez viera comentar com ele, Britto, uma conversa privada que o ex-ministro tivera com um enteado. O grupo relembrava o relato de Britto entre risos e exclamações de espanto. Ao ouvir a bombástica revelação de que Itamar Franco, no exercício da presidência da República, grampeava os próprios auxiliares, o que fez Moreno? Abanou-se. E reclamou do calor in-su-por-tá-vel que andava fazendo na cidade. Em seguida, puxou outro assunto e logo depois se despediu. "Saí de fininho e fui apurar a história completa com os participantes do jantar, um por um. Se eu tivesse reagido de forma a mostrar ao grupo que o que eles haviam comentado era uma bomba, eles poderiam pedir que eu não publicasse a notícia.".

Outro exemplo da eficácia da cara de paisagem – esse pertencente à categoria dos que entraram para a história: em março de 1966, em uma entrevista para Maureen Cleave, do jornal *Evening Standard*, John Lennon declarou: "O cristianismo vai desaparecer. Eu não sei o que vai primeiro, se o cristianismo ou o *rock'n'roll*.". Em seguida, Lennon disse: "Nós somos mais populares do que Jesus Cristo.". A frase mais famosa da história do rock provavelmente não teria vindo a público se, ao ouvi-la, Maureen Cleave tivesse arregalado os olhos, saltado da cadeira ou começado a dar pulos de alegria diante do cantor. Atitudes que revelam o impacto causado pela frase ou revelação-bomba assustam o entrevistado e fazem com que ele tenda a voltar atrás na afirmação ou, ao menos, a reformulá-la. No caso de Maureen, imagino que ela tenha levantado os olhos um pouco só do bloco de anotações e pronunciado o mais casual dos "*really?*" – para, em seguida, passar para a próxima pergunta.

Ah, a vaidade

Saber encontrar o ponto fraco do entrevistado e explorá-lo é uma qualidade preciosa para a técnica da entrevista. E, muitas vezes – mas muitas mesmo – esse ponto fraco será a vaidade. Ela faz as pessoas contarem o que não gostariam e revelarem mais do que deveriam. A vaidade, ou seu excesso, em muitos casos, por si só já é notícia. Fazer com que ela desabroche em todo o seu esplendor depende de um certo descompromisso do repórter com a sinceridade – ou, em claro português, exige uma boa dose de fingimento.

A jornalista italiana Oriana Fallaci, que aparecerá muitas vezes ao longo deste livro, sabia ser franca e até rude com seus entrevistados. Mas podia também se transformar na mais meiga e cândida das criaturas quando sentia que isso a ajudaria a alcançar seu objetivo: desnudar um personagem. Em 1972, Fallaci entrevistou Henry Kissinger, então secretário de Estado do governo Richard Nixon. No segundo encontro, passou a desconfiar que o pior inimigo do todo-poderoso secretário americano era o seu próprio ego. No que veio a ser um dos melhores momentos da conversa, Fallaci perguntou a Kissinger: "Doutor Kissinger, como o senhor explica esse inacreditável *status* de estrela de cinema do qual o senhor desfruta? Como o senhor explica o fato de ser quase mais famoso e popular do que o próprio presidente da República?". A resposta que um satisfeitíssimo Kissinger deu à jornalista tornou-se o assunto favorito da imprensa americana por meses. Disse ele: "Acredito que isso se deva em grande parte ao fato de eu agir sempre sozinho. Os americanos adoram isso. Os americanos gostam do caubói que segue cavalgando sozinho ao lado de um trem, o caubói que chega sozinho na cidade, o caubói que conta com seu cavalo e nada mais. Que talvez não traga nem mesmo uma pistola, já que ele não precisa disso. É apenas o sujeito certo no lugar certo. Esse personagem impressionante e romântico sou eu: como um caubói, sempre agi sozinho. Isso sempre fez parte do meu estilo – ou da minha estratégia, se você preferir.".

36 A arte de entrevistar bem

Caso Oriana Fallaci tivesse cedido à vontade de cair na gargalhada diante das primeiras palavras de Kissinger, o mundo jamais teria tido o prazer de saborear uma das frases mais desastrosas já pronunciadas por um secretário de Estado americano. E de Henry Kissinger, ninguém pode dizer que seja ingênuo. Aliás, nenhum político o é, ou, ao menos, deveria ser. E é por causa disso que o jornalista Jorge Moreno afirma, sem pestanejar: "Numa entrevista com um político, vale qualquer coisa. Vale fingir que você concorda com ele, falar mal dos inimigos dele e indignar-se quando ele se mostrar indignado. Isso é seduzir o entrevistado. E a capacidade de seduzir é uma arma do jornalista, assim como a capacidade de persuadir". Ele dá um exemplo: "Você chega para o entrevistado e fala: 'Ah, meu jornal disse que só eu conseguiria essa entrevista com o senhor. Se eu não conseguir, eles são capazes até de me demitir'. Eu digo: para conseguir uma entrevista ou arrancar coisas de um político, só não vale vender a mãe.".

Faço minhas as palavras do Moreno. E quando não se tratar de um político, mas de uma pessoa sem qualquer experiência com a imprensa? Há uma história famosa que serve como resposta. Na década de 1970, o jornalista americano Joe McGinnis aceitou a oferta de escrever um livro. O proponente era um médico que, condenado à morte pelo assassinato da mulher e das duas filhas, jurava inocência e queria divulgar a sua versão da história. Ocorre que, ao longo da convivência com o médico – Jeffrey McDonalds era seu nome –, o jornalista não só não se convenceu da sua alegada inocência, como concluiu que ele era um psicopata – e escreveu isso. O fato de que, para fazer sua reportagem, McGinnis conviveu intensamente com o médico e conquistou a sua confiança, serviu de argumento para que a jornalista Janet Malcom escrevesse *O jornalista e o assassino* – um livro que defende a sua tese de que todo jornalista carrega consigo o gene da traição. Vale a pena reproduzir o primeiro parágrafo do texto, um lide de altíssimo impacto.

Diz Malcom: "Qualquer jornalista que não seja demasiado obtuso ou cheio de si para perceber o que está acontecendo sabe que o que ele faz é moralmente indefensável. Ele é uma espécie de confidente, que se nutre da vaidade, da ignorância ou da solidão das pessoas. Tal como a viúva confiante, que acorda um belo dia e descobre que aquele rapaz encantador e todas as suas economias sumiram, o indivíduo que consente em ser tema de um escrito não ficcional aprende – quando o artigo ou livro aparecem – a sua própria dura lição. Os jornalistas justificam a própria traição de várias maneiras, de acordo com o temperamento de cada um. Os mais pomposos falam de liberdade de expressão e do 'direito do público a saber'; os menos talentosos falam sobre a arte; os mais decentes murmuram algo sobre ganhar a vida".

A críticas como a de Malcom, McDonalds respondeu com o argumento de que havia preferido romper o combinado com a fonte do que ir contra a sua consciência.

A pergunta "delicada": como fazê-la?

Não só acredito que não exista pergunta "delicada" demais para ser feita como tenho certeza de que, muitas vezes, é um alívio para o entrevistado respondê-las.

Um exemplo que exige uma breve contextualização histórica: Em 1991, Pedro Collor de Mello, irmão do então presidente da República, Fernando Collor de Mello, começa a fazer uma série de denúncias contra o empresário Paulo César Farias, que o estaria prejudicando em seus negócios. As denúncias acabam envolvendo também o presidente, de quem PC Farias havia sido tesoureiro na campanha eleitoral. Familiares de Pedro Collor o pressionam para que pare de falar. Como ele se recusa a obedecer, sua mãe, Leda Collor, destitui-o do comando das empresas da família e declara que o filho está "psicologicamente perturbado". Pedro Collor, no lugar de recuar, ataca mais forte, concedendo uma

38 A arte de entrevistar bem

entrevista histórica à revista *Veja*. A primeira pergunta feita pelos jornalistas Luís Costa Pinto e Eduardo Oinegue ao irmão do presidente foi: "Senhor Pedro Collor, o senhor é louco?". Pedro Collor respondeu que não, de jeito nenhum. Os jornalistas prosseguiram, perguntando se ele já havia passado por tratamentos psiquiátricos – o que o irmão do ex-presidente novamente negou. A partir daí, teve início a conversa que, publicada no dia 27 de maio de 1992, viria a ser o pontapé inicial de um processo que terminou quatro meses depois com o afastamento de Collor da presidência da República. Pedro Collor afirmou, entre outras coisas, que Fernando Collor tinha no empresário PC Farias seu testa de ferro e que PC, operador de uma extensa rede de corrupção e tráfico de influência no governo, dizia, para quem quisesse ouvir, que o lucro das operações era repartido com o presidente.

Uso esse exemplo porque ele mostra duas coisas: 1) que certas perguntas, por mais difíceis que sejam, têm de ser feitas, como era o caso da pergunta dos jornalistas sobre a sanidade mental do entrevistado, que acusava de desonestidade o irmão, presidente da República, e que havia sido acusado pela própria mãe de estar "psicologicamente perturbado"; 2) que quando uma pergunta "delicada" é feita da maneira certa e num contexto que a justifique, não ofende o entrevistado. Por "maneira certa", entenda-se: respeitosamente e com genuína curiosidade. Essa mesma pergunta – "o senhor é louco?" – poderia ser altamente ofensiva se, ao fazê-la, os repórteres dessem a impressão de que já sabiam a resposta – e que a questão, portanto, não passava de provocação. O que diferencia as duas situações, muitas vezes, é o tom que o repórter empresta à sua inquirição e a maneira como, ao fazê-la, ele se dirige ao entrevistado.

→Abordagem 1: "Senhor Pedro Collor, o senhor é louco?" (falando baixo e olhando enviesado)

→Abordagem 2: "Senhor Pedro Collor, o senhor É louco?" (sublinhando o verbo e olhando firmemente no olhos dele)

Durante | 39

A segunda abordagem diminui as chances de o entrevistado interpretar a pergunta como uma provocação.

Há ainda uma outra tática tão difundida quanto eficiente para fazer perguntas difíceis: atribuir a terceiros a acusação ou afirmação desagradável.

Exemplos:

➔ "Seus adversários dizem que o senhor comanda um dos governos mais corruptos da história do estado x. Como o senhor responde a isso?"

Ou

➔ "O que o senhor diria aos que afirmam que o senhor é autoritário e arrogante?"

Dessa maneira, o repórter consegue fazer uma pergunta difícil e o entrevistado, no lugar de se sentir ultrajado, pode ficar satisfeito com a oportunidade de contradizer seus inimigos.

A pergunta delicada, lembra Sérgio Dávila, deve ser feita ao final da entrevista e nunca no começo. "Se você está entrevistando o Gabriel Garcia Márquez e as cinco primeiras perguntas são sobre o apoio dele à ditadura de Fidel, é provável que a conversa dure quinze minutos. Mas se as cinco primeiras perguntas forem sobre a obra literária dele e as cinco últimas sobre Fidel, aí é provável que você consiga uma hora e ele fale tudo o que você quer.".

Um dos maiores erros que um entrevistador pode cometer é resignar-se à ideia de que um determinado assunto é proibido – ou porque a assessoria do entrevistado assim disse ou, pior, porque "todo mundo sabe que Fulano não fala sobre isso". As pessoas mudam de ideia e, com um pouco de sorte ou persistência do repórter, podem resolver fazê-lo justamente no meio daquela entrevista. Foi o que aconteceu com a rainha Silvia, da Suécia. Fui incumbida de entrevistá-la em 2000 pelo então diretor da *Veja*, Tales Alvarenga, que morreu em 2005. Na época, a rainha havia começado um projeto que tinha por objetivo dar assistência

40 A arte de entrevistar bem

a crianças e adolescentes vítimas de abuso sexual e estava interessada em divulgá-lo no Brasil. Tales deixou claro que estava menos interessado numa matéria a respeito do projeto da rainha do que numa entrevista que mostrasse o "lado humano" da soberana. Pouco antes de eu embarcar para a Suécia, ele me fez diversas recomendações nesse sentido, entre elas a de que eu não deixasse de perguntar sobre a anorexia da princesa Vitória, a filha mais velha da rainha.

Ao chegar ao Palácio Real, em Estocolmo, fui recebida por uma assessora da rainha que me deu duas péssimas notícias. A primeira era de que a entrevista, que seria de duas horas, havia tido seu tempo reduzido para quarenta minutos. A segunda era de que eu poderia tratar de todos os assuntos com a soberana – à exceção da doença da sua filha, a princesa Vitória.

Por sorte, a rainha Silvia é uma das pessoas mais gentis e elegantes com quem já estive. Talvez por ter notado a minha tensão, começou pedindo que eu dispensasse o tratamento "Sua Majestade" (que me havia sido fortemente recomendado pelo consulado no Brasil) e disse que, se eu não me incomodasse, gostaria de falar em português, porque estava com "saudade" da língua (ela nasceu na Alemanha, mas sua mãe era brasileira). A entrevista foi seguindo maravilhosamente bem, mas, na minha cabeça, martelavam duas imagens: a dos ponteiros do relógio avisando que meu tempo estava se esgotando e a do Tales dizendo que eu não deixasse de falar sobre a princesa Vitória. Quando já havia gasto metade do meu tempo regulamentar, resolvi arriscar. No meio de uma conversa sobre o quanto a afligia a perseguição da imprensa a ela e sua família, perguntei se esse tipo de comportamento a tinha incomodado especialmente no que dizia respeito à doença da princesa. A rainha hesitou por um instante e eu pude sentir o olhar de sua assessora me fuzilando. Antes que ela respondesse, completei dizendo que perguntava aquilo porque sabia que, diferentemente de tantos pais cujas filhas padecem do mesmo mal, a rainha havia surpreendido a todos pela coragem de falar abertamente sobre o assunto (coisa que ela nunca havia feito).

Para minha felicidade, Sua Majestade não só não me colocou para fora como falou longamente sobre o assunto, incluindo seu sentimento de culpa pela doença da filha e o fato de a doença ter afetado sua relação com ela. A entrevista foi um sucesso e teve grande repercussão, inclusive na Suécia.

"O time está muito motivado. Sabemos que o adversário é difícil, mas, se Deus quiser, nós vamos chegar lá."

(Qualquer jogador de futebol, respondendo a qualquer pergunta sobre qualquer partida).

O lugar-comum: formas de evitá-lo

Quem não quer ouvir um lugar-comum como resposta, deve, antes de tudo, evitar usar um lugar-comum como pergunta. Como lembra Eduardo Logullo: "Algumas pessoas, principalmente as que estão acostumadas a dar muitas entrevistas, algumas vezes se colocam diante do repórter com o *script* pronto. Mas esse *script* só vale para responder àquelas perguntas que elas já estão cansadas de ouvir. Quando as questões são originais, as respostas também tendem a ser." Agora, se mesmo diante de uma pergunta sensacional, o entrevistado vier com uma resposta medíocre, a única coisa a fazer é: tentar de novo. Peça mais: "como assim?", "pode me dar um exemplo?", "pode explicar isso melhor?" Repórteres, sobretudo os iniciantes, tendem a se contentar com a primeira resposta – ainda que ela seja vaga, vazia ou pouco clara. Fazem isso quase nunca por preguiça, mas por timidez. E esse é outro motivo pelo qual um bom entrevistador tem de matar seu ego. Quem não tem ego, não tem timidez. E, dessa maneira, pode dar vazão à sua curiosidade, até que ela se esgote. Pode também ser insistente e um pouco chato.

Depois

Entrevista feita, hora de colocar as palavras na tela. Escolher o que destacar e o que jogar fora, organizar o texto e penteá-lo: isso é editar. Ainda: como lidar com os pedidos do entrevistado.

A edição

Uma das perguntas que ouço com muita frequência de estudantes diz respeito à edição de uma entrevista: até que ponto se pode mudar a fala do entrevistado? Até onde é permitido resumi-la? Deslocá-la do lugar original? Se essas perguntas não partissem de estudantes – pessoas que, presumivelmente, ainda não viveram a situação na prática –, eu diria que seriam questões hipócritas. Porque a resposta para elas é muito clara e todo mundo que já editou uma entrevista sabe disso. Podemos fazer quase tudo – incluindo mudar a ordem das perguntas, cortar palavras e frases redundantes, emendar pensamentos correlatos que tenham ficado dispersos e eliminar falas prolixas – desde que isso não altere o que o

44   A arte de entrevistar bem

entrevistado quis dizer. Pelo simples motivo de que a linguagem oral – desorganizada, prolixa, redundante e descontínua – é completamente diferente da linguagem escrita. Tirando o jornalista Otavio Frias Filho, portanto – a única pessoa que já fala "editado", segundo afirma quem já o entrevistou –, todo mundo precisa de uma "penteada" no texto.

Degravar, organizar, "pentear"

Depois de muito entrevistar, concluí que, quanto mais articulado e inteligente é o entrevistado, menos tempo gastamos com ele. Se, pelo contrário, o personagem é difícil – tem um raciocínio difuso, dificuldade em organizar o pensamento e ideias inconsistentes ou é prolixo e confuso –, o mais provável é que voltemos à redação com um pilha de fitas cassete para degravar. Para fazer uma entrevista na seção Páginas Amarelas da revista *Veja*, um pingue-pongue de três páginas, costumo gravar uma média de duas fitas (o que dá, mais ou menos, duas horas de entrevista).

Prefiro degravá-las eu mesma porque, dessa forma, já vou fazendo uma pré-edição – eliminando trechos dispensáveis, resumindo uma resposta, corrigindo uma frase. O tempo que esse trabalho toma, novamente, depende do entrevistado. Se ele é articulado, encadeia de forma organizada o seu raciocínio e fala em uma velocidade normal, o trabalho pode ir bem rápido. Entrevistados que falam em rotação 78 ou devagar demais são um pesadelo para degravar. Gosto muito do senador Eduardo Suplicy, um dos políticos de mais boa-vontade que eu já conheci, mas entrevistá-lo é uma tarefa penosa. Conversei com ele para as Páginas Amarelas de *Veja* em 2000 e sua franqueza impressionante ajudou a produzir uma matéria muito boa. Mas a entrevista levou quase cinco horas, divididas em dois encontros, e, no momento de tirar a fita, quase não precisei tocar na tecla "stop" – liguei o "play" e fui digitando direto, com toda a calma do mundo. Nunca havia tido essa experiência antes.

Voltando ao meu método de edição: fitas tiradas, imprimo o texto e procuro identificar nele alguns "blocos", conjunto de trechos que se referem a um mesmo assunto. Nem sempre esses trechos estão juntos, já que é comum as pessoas começarem a desenvolver um tema, passar para outro e voltar ao anterior tempos depois. Meu primeiro trabalho é organizar o texto de forma que os trechos que tenham afinidade entre si fiquem próximos um do outro. Organizados os blocos, defino qual deles é mais interessante para abrir a entrevista, qual é melhor para fechá-la e como os demais serão encadeados. Começo, então, a trabalhar no texto de forma a torná-lo mais claro, mais sucinto e mais objetivo.

Perguntas frequentemente feitas por estudantes:

1. Esqueci de perguntar algo importante ou meu chefe sentiu falta de uma determinada questão que eu não fiz. O que fazer?

Voltar ao entrevistado sem nenhum constrangimento. Esquecer de fazer uma pergunta não é crime inafiançável nem denigre um repórter pelo resto da vida, pelo contrário: é natural, frequente e faz parte do jogo. Além disso, muitas vezes, apenas no momento da edição é que o repórter percebe que, a partir de uma determinada resposta, poderia fazer outra que melhoraria muito a entrevista. Apenas recomendo que se faça uma lista com todas as dúvidas (suas e da sua chefia) e questões que ficaram faltando para apresentá-las de uma só vez ao entrevistado – de preferência, por telefone, o que economiza o tempo dele e do repórter, que, a essa altura, já deve estar em fechamento. Se o entrevistado for a Rainha da Inglaterra ou alguém menos disponível ainda, a coisa pode complicar um pouco, mas não custa tentar. Mandar perguntas por e-mail para o assessor de imprensa do entrevistado e contentar-se com respostas igualmente por e-mail ou transmitidas oralmente pelo assessor pode ser uma saída.

46   A arte de entrevistar bem

2. Meu chefe mudou um trecho da entrevista e eu discordo da mudança. O que fazer?

Repórteres são seres suscetíveis e jovens repórteres, mais ainda. Evidentemente, há chefes ruins, que em vez de melhorar o produto do trabalho do jornalista, pioram. Ocorre que, em geral (acreditem, crianças), acontece o contrário: os editores, por serem mais experientes, costumam mudar o texto para melhor. Portanto, antes de tomar qualquer atitude drástica, sugiro que se examine desapaixonadamente a alteração e que se pergunte se, de fato, ela piorou o trabalho ou – mais grave que isso – distorceu-o. Se a resposta continuar sendo sim, é obrigação do repórter procurar sua chefia e apontar o problema. Afinal, quem assina o texto é ele.

O entrevistado e seus pedidos impossíveis

"Posso ler a entrevista antes de você publicar?"

O mais comum dos pedidos (na maioria das redações pelo menos – na de *Caras*, diz uma amiga, a mais frequente é: "Você pode diminuir a minha idade? Não sei se é verdade..."), para o qual a resposta obrigatória é "não". Primeiro porque a prática fere a, digamos assim, soberania do jornalista e a do veículo para o qual ele trabalha. Depois, porque, imagine se toda entrevista publicada em uma revista ou jornal tivesse de ser submetida previamente à aprovação de quem a concedeu? Inviável. Como a maioria dos manuais de redação brasileiros não faz referência a essa situação, a decisão de mostrar ou não a matéria ao entrevistado acaba ficando a cargo do jornalista. Sou absolutamente contra a prática. Mas há uma situação em que a considero tolerável e outra, recomendável. A tolerável: quando fica acordado entre o repórter e o entrevistado que o segundo poderá ler o material não publicado desde que, feito isso, solicite mudanças apenas no caso de detectar erros factuais no texto. A recomendável: quando se trata de entrevista sobre assunto demasiado técnico ou que o repórter não domine. Nesse caso, a disposição do entrevistado de checar termos e colocações pode ser valiosa.

"Essa frase pode ser em *off*?"

Feito durante ou depois da entrevista, o pedido tem duas interpretações possíveis – e é preciso checar a qual delas o entrevistado se refere. Literalmente, a expressão "*off the records*" significa "fora da gravação". Ou seja, indicaria uma informação que não deve ser publicada. Na prática, no entanto, a expressão costuma ser usada para classificar informações cuja fonte pede para ser mantida no anonimato. Tomemos como exemplo uma entrevista com o ministro do planejamento, em que o tema seja o novo pacote de medidas lançado pelo governo para acelerar o crescimento do país. Em dado momento, o ministro revela que determinada medida incluía a liberação de uma verba muito maior, mas que o dinheiro foi cortado pela metade em função da pressão feita pelo ministro da economia. Pede que essa informação fique "em *off*". Ou seja, ela pode ser publicada, mas deve ser assumida pelo repórter, sem que este revele a sua origem. E o jornalista pode fazer isso em duas situações: se conseguir cruzar a informação e checar sua veracidade ou se confiar cegamente na fonte. Ultimamente, o *off* vem sendo usado com muita frequência sem que nenhum desses requisitos seja atendido – um prato cheio para fontes manipuladoras e oportunistas.

"Dá para tirar aquela parte?"

É o tipo de pedido que indica que o repórter fez uma boa entrevista. O entrevistado disse algo que não planejou dizer, fez uma inconfidência ou pensou melhor e acha que determinada declaração pode ter consequências graves ou ser ruim para ele. Na maioria das

48 A arte de entrevistar bem

vezes, a parte que o entrevistado pede para tirar é a melhor da matéria, ao menos do ponto de vista jornalístico. E aí reside o problema. Pessoalmente, compartilho, resignada, da orientação do Manual de Redação do jornal *O Globo*, que diz que o entrevistado é dono da entrevista até o momento em que ela for publicada e, nessa condição, tem o direito de retificar o que disse. E nós, o dever de acatar suas marcha-rés. Mas, entre receber o pedido e ceder a ele, existe um vasto espaço para negociação. Cabe ao bom repórter usar de sua capacidade argumentativa para convencer o entrevistado das vantagens de manter a declaração ou informação.

Outras mídias

Câmeras, luzes e um entrevistado diante de você. Para piorar, a transmissão é ao vivo. E se der branco? E se o entrevistado for ruim? E se ele estourar o tempo da matéria? Entrevistas para TV e para rádio são muito parecidas entre si. Mas bem diferentes das que fazemos para jornais e revistas.

Entrevista para a TV

Carlos Tramontina já foi repórter, editor-chefe e apresentador de diversos programas e telejornais. Com a experiência de quase trinta anos de televisão, ele escreveu um livro em que relata episódios da carreira e dá dicas sobre o que fazer e o que não fazer quando se está diante de uma câmera e com o microfone na mão.

Tramontina já entrevistou todo tipo de gente. Para ele, o pior entrevistado é aquele que "não traz informação, não tem o que dizer e está interessado apenas em fazer propaganda de si ou da sua turma. Em geral, esse sujeito é o político.". Diz o jornalista: "O político, muitas vezes, está mais interessado em falar o nome do governador que é o líder do partido dele ou o do prefeito que o colocou no cargo do que propriamente em esclarecer uma questão ou prestar uma informação. Eles gostam muito de usar entrevistas de TV para se autopromover. É preciso tomar cuidado com isso.".

Para evitar situações constrangedoras no ar, Tramontina procura deixar as regras claras antes de começar a entrevista: "Digo, por exemplo: 'eu já vou apresentá-lo como secretário de Estado, então, eu pediria que o senhor não ficasse repetindo o nome da sua pasta ou o do governador'". Se na opinião do jornalista, políticos, de forma geral, compõem a categoria mais complicada de se entrevistar, individualmente, o ex-ministro Delfim Netto é, para ele, o entrevistado mais difícil: "O Delfim é um homem inteligente, competente na sua área e, além de tudo, um bom frasista, o que faz dele um entrevistado qualificado. O problema é que ele usa da estratégia de invariavelmente embasar seus argumentos recitando uma torrente de números. Isso faz com que só um jornalista da área econômica e com muito conhecimento e memória possa contraditá-lo ou argumentar com ele. As minhas piores entrevistas foram com o Delfim Netto. Eu sempre saí delas com a sensação de que havia sido incompetente e enganado. Incompetente por não ter conhecimento suficiente para encarar uma discussão no nível que ele propunha e enganado porque, diante desse desconhecimento, eu nunca podia ter certeza de que ele estava absolutamente certo no que dizia."

A seguir, as dicas do jornalista para:

→Evitar o "branco"

O temível "branco", aquela súbita catatonia que costuma acometer mesmo os mais experientes repórteres no meio de uma entrevista, é, para Tramontina, evitável. "Ele só ocorre quando o entrevistador está mal preparado", diz. "Pesquisar previamente a respeito do entrevistado e do assunto que será tratado não só é a forma mais eficaz de evitar aquele buraco que fica no ar e que, ainda que dure cinco segundos, parece um precipício, como é também a única maneira de ter informações para contradizê-lo e argumentar com ele." Ou seja, é a única maneira de fazer uma boa entrevista.

→Não ser "enrolado"

Faça perguntas simples. Tente ser o mais objetivo, claro e conciso possível. "Eu não enfeito, não faço pronunciamentos anteriores e não dou opiniões pessoais na formulação das questões. Esse método estimula o entrevistado a fazer o mesmo: ser objetivo, conciso e ir diretamente ao ponto na resposta." Perguntas pouco claras, confusas ou longas demais, diz o jornalista, "dão chances para que o entrevistado seja também pouco claro ou fuja da questão principal".

→Fazer perguntas incômodas

Se a pergunta estiver bem formulada e não contiver nenhum desrespeito, não há por que deixar de fazê-la. Não há sensação pior do que se despedir do entrevistado com uma pergunta engasgada na garganta. O repórter Caco Barcellos é, na opinião do jornalista, o que melhor consegue fazer esse tipo de questão. "Suas perguntas são objetivas, respeitosas e corajosas ao mesmo tempo."

→Colaborar para a edição

"Se tem uma situação que é um desastre em TV é aquela em que vinte jornalistas ficam de pé com o microfone na boca do entrevistado. Todo mundo faz perguntas ao mesmo tempo e o sujeito, diante dessa situação, escolhe a pergunta que quer responder. Como é interrompido a toda hora, as respostas ficam todas picadas. O resultado é que o editor não consegue extrair uma frase com começo, meio e fim e, por

52   A arte de entrevistar bem

causa disso, algumas vezes, o material todo acaba indo para o lixo." O que fazer, então, numa situação como essa? "O ideal é que o repórter espere e, no final faça uma entrevista sozinho. Ou, se isso for impossível, ele tem de segurar a ansiedade e, quando parte considerável do pessoal já tiver se afastado, dizer ao entrevistado que gostaria de perguntar algumas coisas que não ficaram claras: 'Tal coisa vai ser assim ou assado?', 'Quando o senhor disse tal coisa, o senhor se referia a isso ou aquilo?'. Isso exige do repórter clareza para perceber as questões que não foram respondidas e um bom autocontrole para que não se deixe levar pela ansiedade e pela confusão da situação.".

→Não estourar o tempo da entrevista

Não tenha receio de interromper o entrevistado, diz Tramontina. Na TV, o tempo determina a forma de fazer as perguntas, a abrangência das questões e o ritmo da conversa. "Se for uma entrevista de um minuto e meio é uma coisa, de três minutos é outra e de cinco é outra completamente diferente. Quanto menor for o tempo de que o repórter dispõe, mais objetivo ele tem que ser nas perguntas e mais rigoroso ele precisa ser para com o entrevistado. "Digo: 'Desculpe, o senhor está desviando o foco da nossa questão. Estamos tratando do assunto x e eu gostaria que o senhor voltasse a ele'." Ou, então: "desculpe, nosso tempo é curto e eu gostaria que o senhor fosse mais objetivo".

Tramontina refere-se aqui a entrevistas feitas para um telejornal, por repórteres que estão na rua ou apresentadores que estão no estúdio. Nessas situações, uma entrevista, quando muito longa, dura cinco ou seis minutos (o mais comum é que não passe de um). É diferente do que ocorre em um programa especializado em entrevistas, como o de Jô Soares, na Globo, ou o de Larry King, na CNN. Acho incrível como eles conseguem fazer o que fazem. Se um dos requisitos para a boa entrevista é um certo clima intimista, que ajuda a ganhar a confiança do entrevistado e dá a impressão de que a entrevista não passa de uma conversa entre

Outras mídias   53

quatro paredes, o que dizer de um diálogo em que os protagonistas estão sob a mira de uma câmera, cegados por holofotes, instalados num pouquíssimo aconchegante ambiente de estúdio e observados por cinegrafistas, iluminadores, operadores de som e diretor de estúdio – quando não por milhões de pessoas, no caso de programas ao vivo?

Surpreendentemente, algumas pessoas conseguem obter ótimos resultados nessas condições. Edney Silvestre é um exemplo. Desde 2002 apresentando o quadro *Espaço Aberto*, da GloboNews, ele já entrevistou dezenas de escritores, artistas e intelectuais. O jornalista, que também já foi correspondente em Nova York do jornal *O Globo*, concorda que uma entrevista para a mídia impressa é algo bem mais confortável de se fazer do que uma entrevista para tv. Mas ele considera que muitas das imposições que a televisão coloca para o entrevistador podem ser neutralizadas, ou suavizadas, se o jornalista cumprir as tarefas que uma entrevista para qualquer mídia requer, como fazer uma boa pesquisa a respeito do seu personagem. "Conhecer profundamente o entrevistado e a sua obra é o melhor jeito de aproximar-se dele", diz. Alguns truques também ajudam. Edney tenta sentar-se sempre o mais próximo possível do entrevistado e manter as câmeras o mais longe deles que puder. Jamais conversa de pé ("Não há qualquer naturalidade possível nessa posição") e procura não interromper o seu interlocutor. "Detesto o entrevistador que fala mais que o entrevistado e o corta a todo momento. Primeiro, porque é impossível editar vozes sobrepostas. Depois, porque você tem de ter interesse em ouvir, não em falar. Considero muito irritante o entrevistador ou apresentador que quer expor o que é ou o que pensa e usa o entrevistado como escada."

E quando, em vez de falar demais, o jornalista fala "de menos" – quer dizer, quando um "branco", seu ou do entrevistado, instala aquele terrível silêncio no ar? O que fazer nessa hora? Pois Edney aprendeu que certos silêncios podem ser mais reveladores do que uma resposta. Durante uma entrevista que fez para o programa *Milênio*, também da

GloboNews, em 1997, com a atriz Liv Ullmann, Edney, a certa altura, perguntou-lhe como ela se via como mãe. A atriz responde que é uma pergunta difícil. Em seguida, se cala e fica um longo tempo em silêncio – silêncio que Edney não tenta preencher. A partir daí, a atriz começa a falar de forma emocionada – e sempre entrecortada por longas pausas – da relação conflituosa que tem com a filha Linn, fruto de seu casamento com o diretor Ingmar Bergman. Linn, hoje uma escritora bem-sucedida, na juventude tentou, sem sucesso, ser cantora de ópera e atriz. Da segunda carreira, desistiu depois que sua professora de teatro lhe disse que ela era uma péssima atriz. "No que minha mãe concordou", contou Linn em uma entrevista. Liv Ullman, na conversa com Edney Silvestre, deixou claro que a relação com a filha não estava resolvida e que sofria com isso. Nada disso teria vindo à tona se o jornalista não tivesse se mantido impávido diante do primeiro silêncio da atriz.

Entrevista para rádio

Nunca fiz uma entrevista para rádio, mas a minha opinião é de que se trata de uma coisa dificílima. Primeiro, porque as características do veículo não permitem que se escolha um entrevistado com base nos critérios utilizados no jornalismo impresso e mesmo na TV. "O sujeito pode ser uma sumidade em determinado assunto, mas, se falar mal, não serve", explica Milton Jung, âncora do programa CBN *São Paulo*, da rádio CBN, e autor do livro *Jornalismo de rádio*. Ou seja: em rádio, não é só o repórter que precisa saber falar com clareza e objetividade – o entrevistado também precisa. E isso reduz drasticamente a lista de opções do jornalista. No dia em que entrevistei Milton Jung para este livro, o ex-prefeito de Bogotá, Antanas Mockus, estava em São Paulo. Viera para uma série de palestras cujo tema era o bem-sucedido projeto que ele havia implantado na capital colombiana entre 2001 e 2003 e que resultou numa significativa redução dos índices de

Outras mídias 55

violência na cidade. Como o programa que o jornalista apresenta na Rádio CBN trata fundamentalmente de assuntos relacionados à capital, uma entrevista com Mockus teria tudo para ser proveitosa – "caso ele falasse português", comentou um frustrado Jung. Se, na TV, existe o recurso óbvio da legenda, em rádio, isso não funciona. Assim como não funciona a alternativa da tradução: cansa o ouvinte e, se for simultânea então, transforma a conversa numa confusão só.

Mas esse tipo de limitação que o veículo impõe não é nada diante do fato, este sim, na minha opinião, assustador, de que a quase totalidade das entrevistas em rádio é feita ao vivo. Na TV, mais de 90% delas sofrem edição. Isso muda muita coisa? Muda tudo. A preocupação com o didatismo, por exemplo, tem de ser elevada à máxima potência. Digamos que o entrevistado seja um economista falando sobre juros. Se, em determinado momento, ele menciona termos como o *spread* bancário, cabe ao repórter perguntar o que significa aquilo ou, ao menos, emendar um comentário explicativo ("O senhor está se referindo à diferença entre as taxas de juro que o banco paga e a que cobra quando empresta o dinheiro, não é?"). Em uma entrevista ao vivo, não dá para acrescentar informações entre parênteses, como se faz na hora de editar um texto.

Outra situação que, numa entrevista para a mídia impressa é facilmente contornável, mas que numa entrevista ao vivo pode assumir proporções de desastre é aquela em que, por descuido do repórter ou da produção, o entrevistado revela-se um grande equívoco: deixa claro que não tem domínio do que está falando. Numa entrevista gravada ou feita para jornal, o repórter simplesmente despreza a entrevista e vai atrás de outra fonte. Numa transmissão ao vivo, o erro da escolha fica evidente e não há nada o que se possa fazer para salvar a situação, a não ser abreviar o mais rapidamente possível a conversa. Pior do que entrevistar gente mal preparada, lembra Milton Jung, é falar com um entrevistado que não é o entrevistado, como aconteceu com um colega do radialista que entrevistou um homônimo do goleiro Waldir Peres achando que falava com o próprio – e foi corrigido no ar pelo interlocutor, que, consternado, ainda explicou que atendeu ao telefonema da rádio achando que se tratava de uma promoção.

Aqui, dicas de Jung e de Heródoto Barbeiro, gerente de jornalismo da Rádio CBN, para uma boa entrevista de rádio:

➜ Não ficar repetindo "hãhã", "mmm" ou "ahh", enquanto o entrevistado fala. Esses sons, que Jung chama de "mugidos", podem funcionar como um estímulo para o entrevistado em conversas destinadas a publicação em jornais ou revistas. No rádio (e também na TV) servem apenas para "sujar" a transmissão e irritar o ouvinte.

➜ Antes de começar a entrevista, checar o nome do entrevistado e a forma correta de pronunciá-lo. O cuidado evita o constrangimento de começar uma entrevista sendo corrigido pelo entrevistado. "E é uma questão de respeito para com as pessoas", diz Heródoto Barbeiro – que já foi chamado de "Herodes", "Herodato", "Herodouto" e, ele jura, até de "Aeródromo Carneiro". "Essa veio de um repórter do interior da Bahia com quem eu falava no ar sobre a queda de um avião."

➜ Depois de checar nome e cargo do entrevistado, anotar as informações em um papel, ou qualquer lugar visível, ainda que esse lugar seja a palma da mão. "Em rádio, pesquisas indicam que o público muda a cada quinze minutos. É por isso que, em entrevistas mais longas, identificamos várias vezes quem está sendo ouvido, na apresentação, no meio da conversa, no fim da entrevista. Para que não haja problemas, melhor não confiar na memória", diz Milton Jung.

➔ Nunca deixar de informar-se antes sobre a pessoa que será entrevistada e o assunto que será tratado. "Correria da rádio não é desculpa para fazer uma entrevista ruim", diz Heródoto.

➔ Não colocar o entrevistado no ar sem avisá-lo antes. Tão antiético quanto gravá-lo sem avisar.

➔ Encerrar a entrevista imediatamente se perceber que o entrevistado não domina o assunto para o qual foi convidado a falar. "Ainda que a entrevista esteja programada para durar dez minutos, se não rendeu, eu agradeço a participação da pessoa e encerro. A entrevista tem de ser do tamanho da notícia. Se não tem notícia, acabou a entrevista", diz Heródoto.

➔ Não fazer perguntas que já contenham a resposta: "Depois da vitória de hoje, você acha que o time estará mais motivado para o jogo de domingo?", gostam de dizer alguns repórteres esportivos. "Depois reclamam que jogador de futebol não sabe dar entrevista", diz Jung.

➔ Jamais fazer perguntas que comecem com "O que o senhor acha de tal coisa..." ou "como o senhor vê isso..." Se, para entrevistas de jornal ou revista elas já são perda de tempo, imagine em rádio, onde cada segundo é precioso. "Questões assim fazem com que o entrevistado leve o repórter a nocaute: ele responde qualquer coisa. Em rádio, é preciso ter o máximo de objetividade, não se pode permitir enrolação", diz Heródoto, para quem um bom entrevistador é aquele que "tira do entrevistado o que ele não quer dizer e impede que ele responda o que não lhe foi perguntado".

Entrevistados difíceis, como lidar

O hostil

Um entrevistado hostiliza um repórter, normalmente, quando: 1) está passando por um problema que nada tem a ver com a entrevista ou 2) acredita ter algum motivo para se ressentir do jornalista ou de algum outro que o precedeu, do veículo para o qual ele trabalha ou da imprensa em geral. Para os dois casos, o jornalista e professor Ken Metzler, que estudou por quase duas décadas as relações entre repórteres e suas fontes, recomenda a transparência. "Simplesmente perguntar ao entrevistado se ele está com algum problema pode desarmá-lo e fazer com que a entrevista retome o seu curso normal". Quando o problema é um trauma com a mídia, Metzler recomenda lembrar o entrevistado algo óbvio: o fato de que, assim como ele não é culpado pelos males de sua profissão, também o repórter não pode ser responsabilizado pelos erros que a imprensa comete.

Indispor-se com o entrevistado hostil é tática absolutamente não recomendável. Pelo menos é o que dizem todos os manuais de jornalismo e era também o que eu costumava dizer nas minhas palestras sobre técnicas de entrevista: "Não é papel do repórter polemizar com o entrevistado, buscar a empatia é sempre mais eficiente do que procurar o confronto etc.". Não chego ao ponto de recomendar o contrário hoje, mas passei a acreditar que, em situações MUITO peculiares, uma certa tensão pode ser bem-vinda, e pode, inclusive, melhorar a entrevista.

Essa mudança aconteceu depois que eu entrevistei Adriane Galisteu, dias depois da sua separação do publicitário Roberto Justus, com quem a apresentadora ficou casada oito meses. Adriane, ela mesmo diz isso, foi bastante julgada e criticada no início da sua vida pública – que coincidiu com a morte do piloto Ayrton Senna, seu então namorado e ídolo nacional. "Adriane Galisteu, a oportunista. Essa palavra, oportunista, virou meu sobrenome. Você não sabe o que é o Brasil inteiro brigando com você. Parecia que eu tinha matado o Ayrton.". Essa frase, dita durante a entrevista, para mim explica a postura defensiva que ela adotou durante a nossa conversa. Talvez tenha achado que eu também a estava julgando. Além disso, por causa da separação, a apresentadora estava compreensivelmente mais sensível. O resultado de tudo isso foi que ela me recebeu com os dois pés atrás e algumas pedras na mão. A entrevista seguiu fria por algum tempo. Ela, fumando um cigarro atrás do outro, não se soltava. Eu, me esforçando para deixá-la à vontade, fracassava a cada tentativa. Assim, a uma certa altura, desisti de tentar contemporizar. Comecei a provocá-la com perguntas bastante diretas, do tipo: "Você gosta de dinheiro?".

Continuo não sendo fã de Adriane Galisteu, mas uma coisa tem de ser dita: ela não foge de uma briga. Como boa lutadora, portanto, virou a entrevista naquele momento. Em tom desafiador, respondeu que adorava dinheiro, sim, mas detestava hipocrisia. Que gostava de luxo, de viajar de primeira classe e que, ao contrário de muitos artistas, não ficava fazendo demagogia com isso. Que não tinha motorista nem segurança porque estava cansada de ver suas intimidades reveladas na imprensa por seus próprios amigos, que não confiava em ninguém a não ser na mãe e que, ao contrário do que pensavam, ela não estava brincando de ser famosa: pretendia ir muito mais longe e não se considerava nem no meio da escada ainda. Duvido que eu teria conseguido esse resultado na base da cordialidade.

Na categoria das "entrevistas-confronto" que deram certo está a que Expedito Filho fez em 2002, juntamente com os repórteres Gerson Camarotti e Ronald Freitas, com o então candidato à presidência da República Ciro Gomes para a revista *Época*. Essa entrevista tem como mérito principal o fato de escancarar o hoje notório destempero do ex-ministro – característica que, na ocasião, apenas começava a se fazer notar. Candidato pelo PPS, Ciro Gomes estava convicto de que a revista, como, de resto, toda a imprensa, apoiava o tucano José Serra, seu principal adversário na disputa pelo segundo turno com Lula e entrevistado recente da revista. Assim, recebeu os repórteres com um ânimo bem pouco amigável. Alguns trechos da conversa:

> *Época*: Como o senhor está financiando a sua campanha?
> Ciro: Não tem financiamento até o momento (...). Viajo em avião de carreira. Até a convenção, essas viagens eram pagas por entidades que me convidavam para palestras. Eu tenho a lista com todos os voos e informando quem pagou. Essa pergunta não teve para o Serra.
> *Época*: Teve, sim. Leia a entrevista.
> Ciro: Eu li a entrevista. Não teve.
> *Época*: Teve. É só pegar a revista. Se o senhor ficar nessa defesa toda, é melhor não ter entrevista.
> Ciro: É melhor. Também acho. Então vamos suspender a entrevista. Vocês escrevem o que quiserem.

Breve discussão. A entrevista é retomada, para ser novamente interrompida segundos depois, quando o repórter pergunta por que Ciro resolvera colocar o irmão Lúcio como tesoureiro da campanha e obtém como resposta um inacreditável "não é da sua conta". Seguem-se críticas mútuas – os repórteres acusam o candidato de "deselegante" e "antidemocrático", Ciro responde que não tem "medo de jornalista" e diz que os repórteres estão a serviço do candidato Serra. Os lados finalmente se acertam e a entrevista prossegue. A partir daí, no entanto, nenhuma resposta dada por Ciro Gomes consegue desviar a atenção do leitor para aquilo que virou o ponto fulcral da matéria: o comportamento destemperado do entrevistado. "Ciro no ataque: o candidato do PPS fala mal do governo, da elite, de José Serra e até dos jornalistas que o entrevistam", era o título da matéria. Fosse outro o entrevistado, os editores talvez tivessem optado por valorizar o conteúdo da conversa, em vez de chamar a atenção para o tom que a dominou. Intuíram, no entanto, que aquele traço de Ciro Gomes, em particular, era "mais notícia" do que o que ele eventualmente dissera. Acertaram, como seu viu. Um mês mais tarde, Ciro Gomes, que havia chegado ao segundo lugar nas pesquisas de opinião, daria a declaração que, segundo analistas, foi fundamental para que ele se autoejetasse da disputa – aquela em que dizia que o papel de sua mulher, a atriz Patrícia Pillar, na campanha, era dormir com ele.

"O fato de termos partido para cima do Ciro em resposta à sua atitude melhorou a entrevista.", afirma Expedito. "A maneira como o material foi editado, na linha *reality show*, mostrando quem era o Ciro Gomes, também funcionou. Agora, esse tipo de postura jornalística não pode ser uma regra. Você tem de ter sensibilidade para administrar o conflito. E cuidar para que o entrevistado não apareça como vítima.".

O prolixo

O entrevistado prolixo pode ser prolixo motivado pela própria incapacidade de ser objetivo ou pela incompetência do repórter em deixar claro que está compreendendo perfeitamente o que ele diz. Isso porque o entrevistado que sente que não está sendo compreendido tende a repetir seus argumentos ou detalhá-los mais do que o necessário. Em quaisquer dos dois casos, a solução é a mesma: aproveitar a pausa que ele terá de fazer para respirar e pedir licença para resumir o que foi dito, a pretexto de se certificar de que captou a mensagem. "Só para eu ter certeza de que entendi: o senhor quis dizer que patati, patatá, certo? Ótimo, talvez agora seja bom falarmos do assunto x, já que nosso tempo é curto." Segue a próxima pergunta.

O evasivo

Neste caso, existem duas situações diferentes.

A primeira é frequente em reportagens de natureza investigativa: o entrevistado é evasivo porque detém informações que não pode ou não quer contar. Aqui, cabe ao repórter insistir e usar dos meios disponíveis para persuadi-lo a falar (leia o item *"Criminosos, acusados e suspeitos"*, na p. 76). A segunda costuma ser mais comum entre celebridades: o entrevistado é evasivo porque não está com a mínima

Entrevistados difíceis, como lidar

disposição de falar e foi forçado a fazê-lo por sua assessoria. Ou topou falar espontaneamente, mas mudou de ideia na hora porque está de mau humor. A entrevista de Marília Gabriela com Madonna, em 1998, é o exemplo clássico dessa situação. Ao longo dos cinco blocos em que a conversa foi ao ar, pelo SBT, o que se viu foi uma Madonna lacônica, mal-humorada e evidentemente contrariada por estar onde estava. Pessoalmente, acho bastante enfadonhas algumas das perguntas que Marília Gabriela costuma fazer, do tipo "o que é a verdade para você", mas nenhuma delas justifica o desrespeito com que a cantora tratou a jornalista – a ponto de, no último bloco, Marília Gabriela implorar: "Por favor, não seja tão monossilábica" (ao que Madonna respondeu com um nada sincero pedido de desculpas – para, logo em seguida, continuar monossilábica).

Vivi situação parecida em 2000, quando entrevistei o jogador Ronaldo pela primeira vez. Ele vinha de uma temporada ruim, estava sendo hostilizado pela torcida e machucara seriamente o joelho. A vida pessoal, em compensação, ia bem: o jogador havia acabado de se casar com Milene Domingues e seu primeiro filho nasceria em poucos meses. A entrevista foi na casa dele no Rio, na Barra da Tijuca. Estavam lá sua mãe, mulher, pai e seu então assessor de imprensa, Rodrigo Paiva. Todos foram muito gentis, Ronaldo inclusive. Mas, quando fiquei sozinha na varanda com ele e seu assessor, o suplício começou. Qualquer que fosse a pergunta que eu fizesse, a resposta não era diferente de "sim", "não" e "não sei". Quando muito, Ronaldo me presenteava com um lugar-comum ou uma frase feita. Pergunta: "Você teve o carro apedrejado na Itália, está sendo cobrado por ter comprado uma Ferrari e por estar sem jogar. Sente-se pressionado?". Resposta: "Normal. Tenho fé em Deus que vou me recuperar. (Silêncio)". Pergunta: "Seu filho está para nascer. Em relação à maneira como você foi criado, o que pretende mudar na educação dele?". Resposta: "Vou criá-lo como todo pai cria seu filho, com muito amor e carinho. (Silêncio)". E assim foi.

Ao final de uma hora, tive certeza de que sairia de lá sem a entrevista, mas fiz questão de usar integralmente minhas duas horas para não ser acusada depois de ter abandonado o barco e de ser responsável pelo fiasco do encontro. Ao final desse tempo, me despedi educadamente do jogador e, assim que ele atravessou a porta da varanda em direção ao interior da casa, despejei toda a minha fúria sobre Rodrigo Paiva, o assessor. Disse a ele que não teria perdido meu tempo viajando de São Paulo para o Rio se ele tivesse me avisado que Ronaldo não estava nem um pouco disposto a dar entrevistas – e isso estava evidente –, que não havia gostado de ter sido feita de palhaça e que ele me ligasse quando Ronaldo aprendesse a lidar com a imprensa. Paiva, hoje assessor da CBF, é, na unânime opinião de quem cobre futebol, um profissional admirável. Nesse episódio, fez o que todo assessor de imprensa deveria fazer em situação semelhante: ouviu os meus impropérios e, assim que eu me fui, chamou Ronaldo para uma conversa, cujo teor eu desconheço, mas que teve efeitos milagrosos sobre o jogador. Quando cheguei de volta à redação, naquele mesmo dia, Paiva já havia deixado um recado na minha secretária eletrônica. Dizia que Ronaldo pedia desculpas pela não entrevista e que estava à disposição para me encontrar novamente na data em que eu quisesse. Disse ainda que, dessa vez, a conversa seria diferente. Ela aconteceu uma semana depois em um restaurante no Leblon. Durou outras duas horas e, tenho certeza, resultou em uma das melhores entrevistas já dadas por Ronaldo.

Minha conclusão sobre o assunto: quando o entrevistado se comporta mal, restam poucas opções ao repórter: dar-lhe as costas e ir embora, engolir sua má educação e publicar (ou levar ao ar) uma entrevista ruim, ou tentar resolver o assunto com seu assessor de imprensa – que é pago, entre outras coisas, para civilizar clientes que não sabem se relacionar com a mídia. Dessas três opções, só não gosto da segunda.

O disperso

Costanza Pascolato é uma entrevistada charmosa e inteligente. Quando fala dos assuntos de que gosta e que estuda (estilo, comportamento, história da moda, por exemplo), é incapaz de proferir um lugar-comum, fazer uma avaliação banal ou apresentar um raciocínio

A arte de entrevistar bem

vulgar. Ela dá aos seus entrevistadores aquilo que eles mais gostam: respostas francas, análises surpreendentes e inteligentes. Entrevistá-la é um prazer. Em compensação, Costanza é ter-ri-vel-men-te dispersiva. Uma afirmação rende uma lembrança, que resulta numa associação, que remete a um livro e assim por diante. O que fazer com um entrevistado disperso? Quase nada, uma vez que é assim que ele funciona e se expressa – não é o repórter quem vai mudá-lo. Uma providência, no entanto, tem de ser tomada: forçá-lo a fechar os parênteses que vai deixando abertos pelo caminho. Sim, porque, no momento de editar a conversa, sempre será possível juntar uma frase que está no início da fita 1 com outra correlata, que está no fim da fita 3, mas adivinhar o resto de uma história ou completar uma análise que ficou em aberto é coisa que não dá mais para fazer. Para não interromper a todo momento o elíptico raciocínio do entrevistado disperso, deixo-o seguir seu ritmo, mas vou anotando os tópicos que precisam ser finalizados (leia na pág. 20 *"Bloco de anotações, modo de usar"*). Ao final da conversa, lembro-o de cada um dos assuntos que ficaram para trás e peço que os conclua. Se puder fazer isso com calma, muito bem. Se não, apenas digo ao entrevistado: "Estou um pouco preocupada, porque nossa entrevista está chegando ao fim e eu gostaria de explorar melhor algumas coisas muito interessantes que o senhor mencionou há pouco. Podemos voltar a elas?".

O mil vezes entrevistado

Aqui, é fundamental aplicar a regra número um da entrevista: pesquisar o entrevistado à exaustão. Para falar com Pelé, Lula ou qualquer outra personalidade que tenha mais do que alguns anos de fama efêmera é necessário não só preparar-se como preparar-se a ponto de conseguir adivinhar a resposta que o entrevistado daria para determinada pergunta – e forçá-lo a ser mais criativo. Como diz Eduardo Logullo: "Você tem de fugir das questões óbvias. Uma vez eu fiquei com Roberto Carlos uma noite inteira sem perguntar em nenhum momento sobre a obra dele. Falamos de música, de Jorge Benjor, de feijão tropeiro. Não perguntei nada sobre a parceria dele com o Erasmo Carlos, essas chatices. A entrevista ficou ótima."

Na categoria dos "mil vezes entrevistado", está uma raça, segundo Jorge Moreno, atualmente em extinção: a da "raposa política". Pertenciam a ela, por exemplo, Tancredo Neves e Ulysses Guimarães, de quem Moreno foi amigo e assessor de imprensa, quando o então deputado federal candidatou-se à presidência da República, em 1989. "De uma raposa, você não tira nada que ela não queira falar. Um repórter que está diante de uma tem de ter humildade para reconhecer isso." Hoje, ele diz que a única raposa sobrevivente, verdadeira e genuína, atende pelo nome de José Sarney.

O fragilizado

Uma vez, fazendo uma reportagem sobre o luto, entrevistei pessoas que haviam perdido recentemente alguém ou que estavam, elas próprias, condenadas a morrer em breve. Andréa se encaixava na segunda categoria. Ela tinha 16 anos e nenhuma esperança de passar disso. Morava em Goiânia, já havia tido as duas pernas amputadas em função de um câncer disseminado e, por decisão da família, deixara o hospital para passar os últimos dias em casa. Ficava as 24 horas do dia presa a uma cama, vendo TV. Seus pais mantiveram apenas os tratamentos contra dor e a equipe de psicólogos que a atendia por meio de um convênio com uma ONG. Foi por meio dessas psicólogas que cheguei à Andréa. Fui alertada por elas de que não iria encontrar uma paciente dócil. A menina, disseram, sempre teve personalidade forte. A doença, que ela nunca aceitou, a havia deixado "revoltada". Até aí, continuava a achar que poderia fazer uma boa entrevista. Comecei a duvidar disso quando, minutos antes de chegar à casa da menina, uma das psicólogas me comunicou que havia apenas um assunto que eu não poderia tratar com ela: a sua morte. "Mas é justamente esse o motivo que me levou a vir de São Paulo até aqui", disse eu, lembrando que havia deixado claro que precisava entrevistar um paciente terminal que tivesse consciência de seu estado. As psicólogas se justificaram dizendo que era esse o caso de Andréa. O problema é que ela nunca havia falado sobre isso. Fazê-la abordar o assunto (a iminência da sua morte) era justamente um dos objetivos que as psicólogas perseguiam no momento e se eu a pressionasse nesse sentido, estragaria todo o trabalho delas. Como, a essa altura, já estávamos no portão da casa da menina, entrei. Depois de cumprimentar a família, fui ao quarto da doente para dizer uma das frases mais idiotas da minha vida: "Oi, Andréa, tudo bem com você?", perguntei à menina sem pernas e condenada à morte aos 16 anos. Fechei os olhos e, numa rápida avaliação da situação, concluí que estava diante de uma entrevistada que me odiava, junto com familiares dela e psicólogas, que, a essa altura, também estavam me odiando, e estava proibida de fazer as perguntas que haviam motivado a minha viagem. Quando abri os olhos de novo, deparei com um caderno que estava em cima da cama – a capa escrita com letra infantil. Perguntei: "Você gosta de escrever, Andréa?". Ela: "Não. Esse caderno é de desenhos". Tentei de novo: "Que pena que você não gosta de escrever. Porque sua vida daria um livro, pelo que eu sei". Ela me olhou pela primeira vez e disse: "Eu já pensei nisso". Eu: "Se você fosse escrever um livro, como ele começaria?". Andréa se ajeitou na cama, cruzou os braços no colo. Tinha um jeito decidido de falar, o olhar firme, sempre parecendo um pouco brava: "Eu ia começar dizendo que minha vida era muito boa até os 14 anos. Depois, veio a doença e estragou tudo". A partir daí, ela não parou mais de falar. Contou o quanto se desesperou quando o médico avisou que seus cabelos iriam cair por causa da quimioterapia, falou do arrependimento que sentia pelo fato de que "conversava demais na aula" e não "dava valor" para a escola ("Agora não posso estudar mais"), contou dos amigos que fez no hospital (todos já haviam morrido), da alegria que sentiu quando sua classe toda veio visitá-la em casa e, por fim, reclamou da mãe, que vivia dizendo que podia morrer antes dela e tentando consolá-la afirmando que ela ainda iria ter um namorado. Diante das psicólogas aturdidas, Andréa disse que sabia que nunca teria um namorado e que a morte estava mais próxima dela do que dos outros. Disse ainda que tinha muito medo de morrer porque, embora a família fosse evangélica e dissesse sempre que quem cuida da alma vai para o céu, ela não sabia "como é do outro lado". Isso a deixava apavorada.

Entrevistados difíceis, como lidar

Conto essa história para falar de um dilema pelo qual todo repórter já passou ou passará: aquele que surge quando, por diferentes motivos, ficamos tentados a "proteger" o entrevistado de suas próprias palavras. No caso da Andréa, a ideia era fazer um depoimento dela em primeira pessoa, com foto. Embora nem ela nem seus pais tivessem feito qualquer restrição à publicação de imagens ou àquilo que a entrevistada havia dito, fiquei em dúvida se não deveria sugerir à minha editora, Vilma Gryzinski, que suprimisse a foto da menina e cortasse certos trechos de seu depoimento em que eu achava que ela tinha se exposto demais. Afinal, ela era muito jovem e seus pais eram pobres e desinformados. Reli o depoimento várias vezes e confesso que decidi não sugerir cortes porque o achei muito bom, dos pontos de vista humano e jornalístico. Ou seja, muito bom para a matéria. Ele foi publicado e acabou sendo

74 A arte de entrevistar bem

também muito bom para Andréa, como me disseram seus pais numa carta enviada depois da morte da menina. Contavam que a filha havia ficado contente por ver sua foto e sua história contada na revista e, mais do que isso, por ter recebido dezenas de cartas de todo o Brasil – enviadas por leitores que se solidarizaram com a sua situação. Moral da história? Confesso que não sei. Aos repórteres cabe reportar – e não agir como árbitros, "decidindo" destinos, "poupando" ou deixando de "poupar" entrevistados. Mas admito que já me vi outras vezes diante de situações parecidas com a que experimentei nessa matéria. E nem sempre minha opção foi a mesma. Então, esse tópico terá de permanecer em aberto, ao menos neste livro.

O que não tem jeito

Sim, às vezes, não tem jeito. Eduardo Logullo tem uma saída para os casos em que, por motivos diversos, a entrevista é um fracasso irrecorrível. No lugar de voltar para a redação de mãos abanando, Logullo aproveita o olhar agudo e o texto afiado para fazer do limão uma limonada. "Não dou murro em ponta de faca. Se a entrevista não rende, uso os elementos que observo para compor um perfil, por exemplo."

A técnica já lhe serviu para resolver o caso de uma reservadíssima Gal Costa, um surpreendentemente tímido Golias, uma arisca e monossilábica Tati Quebra-Barraco. E foi particularmente útil no caso do encontro que Logullo teve, em 1989, com o já quase centenário arquiteto e urbanista Lúcio Costa, morto em 1998. "Na hora em que eu entrei no seu apartamento, achei que ele tivesse sido assassinado. Parecia um cenário de teatro do absurdo. Havia pilhas e mais pilhas de jornais velhos até o teto. Deviam ter mais de vinte anos e estavam por todos os cantos, bloqueando a passagem nos corredores. Era uma bagunça inacreditável. Fui andando e chamando: "Doutor Lúcio, doutor Lúcio!" Ele já tinha 90 e tantos anos. Encontrei-o sozinho num quarto, sentado em uma cadeira, com um cachecol vermelho enrolado no pescoço. Vi logo que a conversa não iria render. Ele estava lúcido, mas já era um homem muito idoso, não tinha mais paciência de responder àquilo tudo que já haviam perguntado a ele a vida inteira. Então, extrair algo do homem àquela altura seria muito difícil. Preferi concentrar o texto no ambiente. A descrição daquele ambiente era muito superior a qualquer coisa que ele pudesse falar.".

Evidentemente, a tática não é para qualquer um. Para fazer jornalismo literário – e de boa qualidade – é preciso tarimba. Para quem quiser se aventurar no estilo, Joel Silveira (leia *"A não entrevista de Joel Silveira com Getúlio Vargas"*, no capítulo *Como transformar uma entrevista em um desastre*, p. 96) é leitura obrigatória.

76 A arte de entrevistar bem

Criminosos, acusados e suspeitos

Por que alguém acuado, pressionado e exposto à execração pública, como um acusado de corrupção ou assassinato, aceitaria dar uma entrevista? Por vários motivos, como mostra o jornalista Policarpo Júnior, autor de nove entre dez dos furos jornalísticos recentes que mudaram a história do Brasil. Ele conta aqui como conseguiu duas importantes entrevistas (ambas para a revista *Veja*) que, inicialmente, pareciam improváveis. A primeira delas foi com José Carlos Santos, o economista de Brasília cuja vida começou a ruir em outubro de 1993. Nesse mês, jcs, como ficou conhecido no noticiário mais tarde, um alto funcionário da Comissão Mista de Orçamento no Congresso, foi preso por ocultar em sua casa, debaixo do colchão, 800 mil dólares – incluindo algumas notas frias. Dez meses antes, sua mulher, Ana Elizabeth Lofrano, havia desaparecido em circunstâncias misteriosas: jcs dissera à polícia que ela havia sido vítima de um assalto seguido de sequestro. A polícia suspeitava que jcs havia mandado matar Ana Elizabeth. Mas seu pesadelo não terminava aí. Ao longo das investigações, divulgou-se que o economista tinha uma movimentadíssima vida sexual, que incluía uma agenda com telefones de quase 200 mulheres e uma invejável coleção de acessórios sexuais. jcs estava encarcerado e moralmente destruído quando recebeu na prisão a visita do repórter Policarpo Júnior.

"O camarada estava um trapo. Um cara que, dias antes, era um funcionário público modelo, competente, bem-sucedido, de uma hora para outra estava algemado, preso numa cela comum. 'jcs é um arquivo vivo da corrupção no Congresso', havia me dito uma fonte. O problema é que o mundo inteiro sabia disso. Todos os jornalistas de Brasília já haviam tentado entrevistá-lo – e nada. Pedir a entrevista, simplesmente, provavelmente resultaria em mais uma negativa. Tinha de fazer uma coisa diferente. Pensei: o que mais me interessa é tirar dele o que ele sabe sobre corrupção. Resolvi arriscar: quando o

Entrevistados difíceis, como lidar

delegado o trouxe da cela, me apresentei e, antes que ele pudesse falar alguma coisa, disse que entendia sua situação, mas que meu interesse se limitava ao trabalho dele no Congresso. Não queria saber se ele fazia orgias em seu apartamento ou se usava cocaína. Nada disso. A entrevista giraria em torno de seu trabalho e, fora disso, eu abriria para ele a possibilidade de se defender contra a acusação do assassinato da mulher. A estratégia deu certo. Ele topou falar e o resultado foi aquele que se viu: CPI, cassações etc."

Na entrevista a Policarpo Júnior, JCS explicou como a Comissão Mista de Orçamento se transformara em uma máquina de desviar dinheiro público. Entregando nomes e sobrenomes, o economista contou que parlamentares aprovavam verbas para obras superfaturadas em troca de propinas pagas por empreiteiras e desviavam recursos para entidades filantrópicas de fachada, que repassavam o dinheiro para suas campanhas eleitorais. A entrevista resultou numa das mais explosivas CPIs da história do Congresso e na cassação de um bloco de parlamentares conhecidos como Anões do Orçamento. Ela só existiu porque Policarpo Júnior fez duas apostas que se mostraram corretas: a primeira era de que JCS, na verdade, queria falar. Isso porque, ao entregar as histórias de corrupção envolvendo personagens conhecidos do Congresso, ele desviaria a atenção que estava concentrada nele. De fato, depois da entrevista, as pessoas esqueceram por algum tempo que ele era suspeito de ter matado a mulher e JCS passou a ser visto e dar depoimentos como denunciante. A segunda aposta do jornalista era de que JCS, embora quisesse falar, precisava ter algumas condições mínimas para isso. E ele acertou na mosca quais eram elas: não falar sobre assuntos pessoais e embaraçosos e, sobretudo, não ser acuado sobre o assassinato da mulher – que, como se provou mais tarde, ele de fato cometera.

A segunda entrevista inicialmente improvável que Policarpo Júnior lembra de ter conseguido foi com Vladimir Poleto. Em 2005,

78 A arte de entrevistar bem

o repórter teve a informação de que a campanha presidencial de Lula em 2002 recebera três milhões de dólares de Cuba. O dinheiro teria vindo acondicionado em caixas de bebida e passara por Brasília e Campinas em um avião particular até chegar ao comitê eleitoral de Lula em São Paulo. Policarpo já havia confirmado a história com um dos envolvidos na operação, Rogério Buratti, o ex-assessor do então ministro da Fazenda Antonio Palocci. Era necessário cruzá-la com uma segunda fonte. Júnior procurou Vladimir Poleto, outro ex-assessor de Palocci que, segundo Buratti, havia transportado o dinheiro no trecho Brasília-Campinas.

O relato do jornalista: "Com o Poletto a coisa foi mais complicada. Eu cheguei a Ribeirão Preto para entrevistá-lo já sabendo de tudo. Quer dizer, eu não tinha 100% da história. Tinha 80% e precisava muito dos outros 20% que estavam com ele. De início, ele quis negar, dizendo que não sabia de nada. Eu disse a ele que não estava ali para confirmar a história, que já estava confirmada por um colega dele, o Buratti, mas para ouvi-lo, já que ele tinha uma participação direta. Ele ficou preocupado. Aí eu comecei a mostrar para ele que tinha as informações. Ao mesmo tempo, tentava ir arrancando as que faltavam, como o modelo do avião que havia transportado os dólares: "Você levou o dinheiro de Brasília para Campinas no dia tal, tal hora. Foi num jatinho, né?". Ele: "Jatinho nada, rapaz, foi num Cessna mesmo". Assim foi indo. No início, ele dizia que não queria se meter naquilo, que era coisa de gente grande. Mais tarde, disse que só soube da existência do esquema depois de ter transportado o dinheiro. Aos poucos, a história foi saindo. Depois de duas horas, ele havia contado tudo em detalhes.".

A história da entrevista de Policarpo com Poletto não terminou na publicação da matéria. Em novembro de 2005, convocado pela CPI dos Bingos, Poletto primeiro insinuou aos parlamentares que não dissera o que o repórter afirmou que ele havia dito. Depois, mudou a tática, afirmando que estava embriagado no momento da conversa. Só parou de mentir quando a fita do diálogo mantido entre ele e o repórter chegou à CPI. Constrangido, Poletto foi obrigado a ouvir, diante dos parlamentares, a impecável entrevista de Policarpo, e sua própria voz, nada embriagada, confirmando que havia transportado os dólares. O conselho de Policarpo: "Se você precisa da informação, nunca acue o entrevistado. Na hipótese de ele estar envolvido na história, deixe-o concluir que você sabe do que está falando e que, se ele contar apenas a parte que não o prejudica, já é lucro. Mesmo que ele tente minimizar a participação

80   A arte de entrevistar bem

dele, você pode conseguir metade da história. A outra metade você apura com outra fonte".

Blefe, sangue frio, *poker face*. Entrevistas no contexto de uma reportagem investigativa exigem nervos de aço – e uma boa dose de criatividade. Um dos mestres na arte de arrancar informações explosivas para suas reportagens bombásticas, Expedito Filho, tem as duas coisas de sobra. Aqui, ele conta como conseguiu fazer com que, em 1994, o então ministro da Integração do ex-presidente Fernando Collor, Ricardo Fiúza, confessasse ter recebido um jet ski e cem mil dólares de uma empreiteira que prestava serviços para o governo.

"O tema da matéria era *lobby* em Brasília. Tínhamos a informação de que deputados ligados ao antigo Centrão estavam recebendo dinheiro de federações de empresários e presentinhos de empresas. O Fiúza era do Centrão e era minha fonte: me contava bastidores do governo, reuniões ministeriais e tal. Fui procurá-lo, tomei café da manhã com ele, mas nada de ele querer falar sobre o assunto. Quando estávamos indo embora, eu contei que estava estreando um carro novo e me ofereci para dar-lhe uma carona para o ministério. Quando chegou na descida da rodoviária, eu coloquei uns cem quilômetros no carro. Ele dizia: 'Você é louco, vai bater!'. Cantei pneu, fiz uma papagaiada. E ele: 'Para, para'. Eu: 'Só paro se você me der a entrevista'. Aí, ele disse: 'Eu vou falar, eu vou falar'. É preciso lembrar que ele era minha fonte há tempos, tínhamos uma certa intimidade para eu fazer o que fiz. Aquilo serviu para descontrair, quebrar o gelo. E fazer com que ele topasse falar sobre o assunto. Quando sentei na frente dele, olhei nos seus olhos e disse: 'Eu tenho uma lista de políticos que ganharam presentinhos e dinheiro de empresas'. Ele se levantou com uma cara bem ingênua e falou: 'Eu ganhei um presentinho'. Não demonstrei nenhuma reação, só perguntei: 'Que tipo de presentinho?'. Ele disse: 'Um jet ski da OAS'. E continuou: 'É que eu queria comprar um na Mesbla, alguém soube,

Entrevistados difíceis, como lidar

falou com não sei quem da OAS e aí a OAS me deu. Eu não conseguia achar um jet ski na Mesbla e a OAS achou. Comprou para mim'. 'E dinheiro, você não recebeu?', perguntei. Ele: 'Só cem mil dólares'. Eu não tinha gravação nenhuma, só aquela conversa. Publiquei a história e ele não desmentiu uma palavra.".

Um estilo para chamar de seu

Oriana Fallaci, a provocadora

Ninguém desenvolveu um método tão particular de entrevistar poderosos quanto Oriana Fallaci. A legendária jornalista e escritora italiana, morta em 2006, viveu o apogeu da sua carreira entre as décadas de 1960 e 1980, quando entrevistou líderes mundiais da importância de Indira Ghandi, Golda Meir, Yasser Arafat, Muammar Kadafi, Henry Kissinger e Deng Xiaoping. Personalista, provocadora, agressiva e com um forte pendor para performances dramáticas, ela costumava passar como uma Masserati em alta velocidade por cima de certas regras dos manuais de jornalismo. Oriana frequentemente falava mais do que ouvia, dispensava sutilezas no momento de fazer perguntas incômodas e ignorava solenemente o princípio de que o entrevistado é a principal estrela da entrevista. Muitas vezes, Fallaci acabava compartilhando esse

84   A arte de entrevistar bem

título com seus interlocutores famosos. Neta de anarquistas e filha de um líder do movimento antifascista italiano, ela própria participou da resistência a Mussolini quando adolescente, transportando armas e mensagens entre os membros do grupo do pai.

No prefácio de seu livro *Interview with History*, a escritora resume seu sentimento em relação ao poder e aos poderosos: "Venha de um soberano despótico ou de um presidente eleito, de um general assassino ou de um líder amado por seu povo, eu vejo o poder como um fenômeno detestável e desumano.". A declaração ajuda a explicar tanto a fixação da jornalista por entrevistas com líderes mundiais quanto o rumo que muitas dessas conversas acabaram tomando. A mais célebre delas talvez seja a que a jornalista teve com o aiatolá Khomeini. O encontro com o líder da revolução islâmica aconteceu em 1979, na cidade sagrada de Qom, no Irã. Fallaci compareceu a ele vestida num xador, como manda a tradição islâmica, os pés descalços e a língua afiada de sempre. Começou a entrevista questionando a intolerância do governo iraniano no que dizia respeito ao adultério, prostituição e homossexualismo. Prosseguiu perguntando o motivo pelo qual as mulheres iranianas eram obrigadas a usar xador: "Se participaram da guerra contra o Iraque, foram presas e sofreram tortura, não mereceriam ao menos vestir coisa mais confortável?". O aiatolá não gostou da insolência e respondeu: "As mulheres que contribuíram para a revolução eram, e são, mulheres que usam vestes islâmicas, não mulheres elegantes e maquiadas como a senhora, que andam por aí descobertas, puxando um cordão de homens atrás.". Fallaci foi adiante, perguntando por que as iranianas não podiam ir à universidade como os homens, por que não podiam trabalhar com eles, frequentar a mesma praia... "A propósito, imã, como se nada no mar vestindo um xador?"

Para Khomeini, foi demais. Sua resposta furiosa: "Não é da sua conta. Os nossos costumes não são da sua conta. Se a senhora não gosta da veste islâmica, não é obrigada a usá-la. Porque vestes islâmicas são para

Um estilo para chamar de seu   85

mulheres boas e direitas.". Fallaci foi rápida: "Isso é muito gentil da sua parte, e já que o senhor permite, vou tirar agora mesmo este estúpido trapo medieval.". Assim que viu o xador no chão, o aiatolá se levantou e bateu em retirada, não sem antes ouvir uma última provocação da jornalista: "Ei, imã, onde o senhor vai? Vai fazer pipi?". A entrevista, no entanto, não se encerrou aí. Ao ver Khomeini dar-lhe as costas, a jornalista recusou-se a ir embora. Disse que só deixaria o local quando o aiatolá voltasse. Sentada no chão da sala, manteve-se impassível diante dos apelos do filho de Khomeini para que fosse embora, e só aceitou levantar-se depois de saber que o religioso havia jurado sobre o Corão que a receberia novamente no dia seguinte. Assim foi feito e a entrevista foi publicada em setembro de 1979 no *New York Times*. Nesse segundo *round*, no entanto, Oriana continuou sendo Oriana. Minutos antes de retornar à presença do líder islâmico, ela foi alertada pelo filho do aiatolá, Ahmed, de que o pai ainda estava bravo com o episódio do dia anterior e de que ela não deveria mencionar a palavra "xador" diante dele. Ganha um turbante branco quem adivinhar a que se referia a primeira pergunta que a jornalista fez ao encontrar Khomeini. Exatamente: xador. É Oriana quem descreve a reação do aiatolá: "Primeiro, ele olhou para mim perplexo", disse ela. "Totalmente perplexo. Então, seus lábios se moveram numa sombra de sorriso. Essa sombra foi se transformando em um sorriso verdadeiro até finalmente virar uma gargalhada. Sim, ele gargalhou. E quando a entrevista terminou, Ahmed me cochichou: 'Acredite, eu nunca vi meu pai gargalhar. Eu acho que você é a única pessoa no mundo que já o fez gargalhar'.".

O aiatolá não foi o único a capitular no primeiro *round* diante das provocações da jornalista. Heilan Selassié, imperador da Etiópia, também abandonou o ringue antes do final da entrevista. Fallaci o entrevistou em 1972, na capital do país, Adis Abeba. Reproduzo aqui os trechos principais da conversa, menos para chamar a atenção para o seu desfecho, à moda Fallaci, do que para sublinhar a habilidade com que a jornalista conseguiu extrair um retrato inédito do patético imperador da Etiópia. Assim que se viu na presença do "Rei dos Reis", no interior de seu luxuoso palácio, Fallaci mencionou uma visita que ele fizera à cidade de Gonder, onde seus soldados distribuíram moedas e restos de comida para hordas de pessoas famintas: "Majestade, há uma questão que vem me incomodando desde que eu vi aquelas pessoas miseráveis correndo atrás do senhor e esmagando-se umas às outras por causa de um dólar. Majestade, como o senhor se sente dando esmolas para o seu povo? O que o senhor sente diante da visão da miséria?".

Selassié expôs sua tese de que a pobreza ou a riqueza são resultado de mérito individual. Ao que Fallaci, demonstrando todo o seu choque, replicou: "Majestade, o senhor quer dizer que quem quer que seja pobre merece a pobreza?". "Cada pessoa é responsável pela sua própria tragédia, seu próprio destino. Não é correto esperar ajuda de cima, como um presente: as pessoas têm de fazer por merecer a prosperidade. Trabalhar é um dos mandamentos do Criador!". Sentindo que o imperador começava a ficar desconfortável, Fallaci prosseguiu com questões amenas. Rodeou, rodeou, até que deu seu bote. O imperador já havia se recusado a falar de um dos mais importantes episódios de seu longo reinado: a tentativa de golpe contra ele perpetrada em 1960 por dois de seus ex-homens de confiança, os irmãos Mengistu e Germane Neway, durante uma viagem do soberano ao Brasil. Ambos morreram pouco depois da tentativa. Quando, foragidos, viram-se na iminência da captura, Germane atirou em Mengistu e depois se suicidou. Mengistu sobreviveu e, condenado à forca, declarou não temer a morte, já que, desde que decidira lutar contra a injustiça, sabia que poderia morrer. Por determinação do imperador, seu corpo, assim como o de seu irmão, ficou pendurado por oito dias em uma árvore, diante da catedral da capital.

Para abordar o assunto proibido, Fallaci fez ao imperador a seguinte pergunta: "Majestade, se o senhor não deseja falar de certos

Um estilo para chamar de seu   87

assuntos, fale-me do senhor. Diz-se que o senhor ama muito animais e crianças. Permita-me perguntar-lhe se o senhor ama os homens na mesma intensidade?" O imperador respondeu que amava apenas os homens dignos e corajosos. Fallaci viu aí a chance de trazer à tona o assunto proibido. "Os dois homens que tentaram o golpe de estado contra o seu governo eram dignos e tinham coragem, Majestade." Selassié ficou transtornado. "Basta desse assunto, basta desse assunto!", gritou. O golpe de misericórdia veio pouco depois. Fallaci sabia que o imperador nutria horror à ideia da morte e que a simples menção ao assunto o fazia empalidecer. Diante disso, perguntou-lhe: "E a morte, majestade? O senhor é bastante idoso já. Tem medo de morrer?". Foi o que bastou. Furioso, Selassié ordenou que Fallaci fosse retirada da sua presença: "Quem é essa mulher? De onde ela veio? Fora com ela! Acabou! Acabou!". Ainda que obtida por meio de seus personalíssimos métodos, considero essa entrevista de Fallaci admirável. Embora o imperador na verdade pouco fale, as provocações da jornalista e as reações que elas suscitam traçam um acurado retrato do soberano que reinou por mais de quatro décadas na Etiópia, cercado de luxos extravagantes (entre os quais um serviçal cuja única função era colocar-lhe uma almofada sob os pés, de modo a evitar que as digníssimas pernas imperiais, bastante curtas, balançassem no ar) e temendo, a todo instante, ver-se apeado do poder. Fallaci, como escreveu o jornalista Christopher Hitchens, "esquadrinhou o globo atormentando famosos e poderosos até eles concordarem em falar com ela, para então, reduzi-los à escala humana".

Quando criança, era fascinada por Oriana Fallaci. Lembro de tê-la visto entrevistando o então primeiro ministro italiano Aldo Moro e de dizer a minha mãe que queria ser como ela. Meio desalentada, meio compadecida, minha mãe respondeu: "Filha, você não tem jeito para isso." Era verdade. Nunca consegui imitar o estilo do meu ídolo de infância e não tenho dúvidas de que, se tivesse tentado, o resultado seria um desastre. O que quero dizer é que, por mais que admiremos um jornalista, suas técnicas nem sempre serão as mais úteis para nós. Porque se trata de uma personalidade muito diferente da nossa ou simplesmente porque o contexto ou a área em que ele atua são outros. Que utilidade teria o estilo Fallaci para um jornalista tímido? Ou para um repórter especializado em saúde? Evidentemente, nenhuma.

Costanza Pascolato costuma dizer que a chave para a elegância está em encontrar o próprio estilo. "Quando encontrar, agarre-se a ele", diz. Para facilitar a tarefa, ela recomenda como primeiro passo uma autoanálise, fria e cruel, junto ao espelho. Porque encontrar um estilo exige, antes de tudo, conhecimento das próprias virtudes e defeitos. O mesmo vale para jornalistas interessados em fazer boas entrevistas. O primeiro passo é encontrar o próprio estilo. O segundo é aprimorá-lo.

Roger Martin, o ansioso

O jornalista americano Roger Martin, especializado em ciência, considera-se um ansioso em grau máximo. Resignado a essa condição, resolveu tirar proveito dela e tem sido muito bem-sucedido. A descrição que faz de si mesmo é engraçada e eu consigo reconhecer nela alguns (ótimos) jornalistas com quem convivi. "Quando estou entrevistando, exponho minha ignorância a cada espaço de segundos. Interrompo, faço perguntas elementares. Olho fixamente para o entrevistado, me debruço sobre ele, estico o meu pescoço na sua direção, falo com as mãos. E uso o meu vocabulário mais básico. É o princípio do espelho. Conforme os cientistas me observam e me ouvem, vão falando de uma maneira mais e mais simples, que é o que me interessa." Martin acredita que seu modo de se comportar estimula a boa vontade e o didatismo dos cientistas. "É como se eles pensassem: 'Calma, Joãozinho, fique tranquilo que já, já você vai entender tudo o que eu tenho para dizer'.". Martin diz ter por princípio perguntar absolutamente tudo o que lhe vem à cabeça, por mais idiota que pareça. "Às vezes, reouvindo minhas entrevistas, não acredito que perguntei tanta bobagem. Mas o que eu tenho a dizer é que, comigo, essa maneira de trabalhar tem funcionado."

Jeremy Paxman, o rottweiler

O estilo do inglês Jeremy Paxman, apresentador do programa Newsnight, da BBC, chega a beirar a grosseria. Uma de suas entrevistas de maior repercussão foi com Michael Howard, ex-secretário do Interior. Então candidato a líder do Partido Conservador, Howard havia deixado o cargo há 13 dias. Pouco antes, no meio de uma crise do sistema penitenciário inglês, havia sido acusado de ter tentado interferir numa decisão do diretor do serviço prisional inglês, Derek Lewis. Na transmissão, ao vivo, Paxman perguntou a Howard se ele havia ou não tentado pressionar Lewis. O ex-secretário deu-lhe uma resposta evasiva. Diante disso, o jornalista repetiu a pergunta mais uma vez. E mais uma, e mais uma, e mais uma – até atingir a marca recorde de 12 insistências. Nas 12 vezes em que respondeu à pergunta, Howard foi inconclusivo. O ex-secretário saiu massacrado do programa. Na última pergunta, recebeu o golpe de misericórdia de Paxman. Forjando o seu mais incrédulo olhar, o jornalista, transbordando de sarcasmo, perguntou a Howard: "O senhor pensa seriamente em ser líder do Partido Conservador?". Noutra ocasião, em 2002, ao entrevistar Charles Kennedy, líder liberal-democrata com fama de beberrão, perguntou a ele se costumava beber sozinho e se chegava a acabar com uma garrafa de uísque nessas ocasiões. Obteve de Kennedy não mais do que uma resposta polida e constrangida – e ainda foi obrigado a pedir-lhe desculpas públicas mais tarde. É o tipo de jornalismo que pretende ser puro show – e algumas vezes, de mau gosto.

Gay Talese, o tímido

Filho de um alfaiate italiano, Gay Talese nasceu em Ocean City, Nova Jersey. Na infância, foi aluno medíocre e atleta pior ainda. Não tinha amigos, não tinha namorada e não era convidado para as festas do colégio, onde os alunos caçoavam dos ternos que ele vestia, feitos por seu pai. Para completar, sua família era católica (Talese foi coroinha) enquanto Ocean City inteira era protestante. Tanta infelicidade durou até os 13 anos de idade, quando o adolescente Gay começou a fazer o jornalzinho da escola. Foi então que os seus sofrimentos começaram a arrefecer. "Percebi que você pode ser tímido, como eu era, mas mesmo assim conseguir se aproximar de gente que nunca viu e fazer perguntas", disse, em entrevista a Francis Ford Coppola, para a revista *Esquire*, em 1981. "Eu me sentia isolado do mundo e olhava as pessoas com uma curiosidade imensa, que acho que nasceu comigo. Queria saber como elas viam o mundo." Em 1953, Talese graduou-se em Jornalismo pela Universidade do Alabama (segundo conta, porque nenhuma outra o aceitou). Formado, mandou currículo para o *New York Herald Tribune* e outros cinco jornais de Nova York. Foi rejeitado por todos. Conseguiu ser contratado como *copydesk* do *New York Times* dois anos depois. Lá trabalhou como repórter e, mais tarde, como editor. Os dez anos que permaneceu no mais influente jornal do mundo resultaram no livro *O reino do poder*.

Hoje, o mais festejado representante do *"new journalism"* (estilo difundido a partir dos anos 1960 nos Estados Unidos e que pode ser resumido como jornalismo com ambições literárias), Gay Talese continua se valendo de suas duas ferramentas mais preciosas: apuração extenuante e ouvidos atentos. Suas pesquisas são lendárias. Para escrever *A mulher do vizinho*, por exemplo, um painel sobre o comportamento sexual americano nas décadas de 1960 e 1970, o jornalista e escritor viveu meses em um campo de nudismo e chegou a trabalhar como gerente de uma casa de massagens. O livro demorou nove anos para ficar pronto. Talese gastou cinco pesquisando o assunto e quatro escrevendo sobre ele. O escritor se diz fascinado por perdedores, com os quais afirma identificar-se. Trata frequentemente deles, como fez no texto sobre os restaurantes fracassados da rua 63, no Upper East Side, ou no capítulo sobre a jogadora chinesa de futebol que errou um pênalti decisivo na Copa de 1999, levando seu time a perder o campeonato para os Estados Unidos, ambos no seu último livro, *A Writer's Life*, ainda não lançado no Brasil.

Sua receita para uma boa entrevista, como ele conta a Jack Huber e Dean Diggins, no livro *Interviewing America's Top Interviewers*, é exercer a curiosidade: "É o passo número um. Eu não acho que se possa ensinar isso. Você tem ou não tem. E a segunda coisa, que eu acho igualmente impossível de obter por meio da educação ou qualquer outro meio, é a paciência. Você tem de sentar lá, algumas vezes num ambiente de estresse, diante de alguém relutante ou desconfiado e ser capaz de comunicar a ele sua genuína curiosidade e seu interesse nele como um companheiro da espécie humana, que não tem intenção de machucá-lo. Você tem de ter paciência para perseverar (...). Eu escuto com um cuidado que eu penso, está se tornando cada vez menos parte dos hábitos de uma geração nova de entrevistadores. Desenvolver a escuta, saber como ouvir, guardar o que se ouve e, ao mesmo tempo, saber que o que se ouve não é tudo o que pode ser dito, saber que voltando com mais perguntas e mais perguntas e mais perguntas faz com que o seu entrevistado se compreenda melhor e que você o compreenda melhor ou o assunto no qual ele é especialista. Eu acredito que as pessoas falam comigo porque sentem que eu tenho genuíno interesse em ouvi-las."

Como transformar uma entrevista em um desastre

Você já sabe o que fazer para conseguir uma boa entrevista. Saiba agora o que não fazer caso não queira arruiná-la. Aqui, mestres da arte de perguntar revelam suas maiores gafes. Comecemos pelo dia em que Policarpo Júnior foi golpeado por um porta-lápis de acrílico lançado em suas costas por um entrevistado furioso.

Como Policarpo Júnior aprendeu a não começar uma entrevista pelo lide

Policarpo Júnior conta: "Fui entrevistar um parlamentar de Rondônia, Nobel Moura, acusado de comandar um esquema de compra de deputados para o seu partido, o PSD. Tinha apenas uma dica de um colega dele, nenhum documento, nenhuma declaração em *on*. Era sexta-feira, dia do fechamento da matéria. O deputado fugiu de mim o dia inteiro. Só perto das três da tarde foi que eu descobri que ele estava escondido na liderança do partido. A essa altura, meu *dead line* (prazo final da entrega da matéria) estava se esgotando. Fui direto ao gabinete e fiquei lá apenas por alguns segundos. Fui embora com o deputado me xingando, depois de atirar um porta-lápis de acrílico nas minhas costas. Não foi para menos: a minha primeira e única pergunta foi: 'Quanto o senhor está oferecendo para os deputados para que eles troquem de partido?'. Erro meu. Aprendi com o porta-lápis que é fundamental estudar o personagem antes de abordá-lo (no caso de Moura, isso seria especialmente valioso, uma vez que uma rápida pesquisa ou conversa com parlamentares lembraria o repórter de que o rondoniense era o mesmo que tempos atrás havia esmurrado uma deputada no rosto). Outra coisa que se deve fazer sempre é começar a entrevista pelo que menos interessa, numa espécie de pirâmide ao contrário. Nunca comece pelo *lead*.".

A pior entrevista de Oriana Fallaci

Em 1993, em entrevista ao escritor e professor de línguas da Universidade do Mississipi Santo L. Aricò, que a biografou, Oriana Fallaci disse que a pior entrevista de sua vida foi a que fez com Lech Walesa. "Eu não fui honesta", diz. Fallaci se refere ao modo como retratou o líder do Solidariedade, a central sindical que se opôs ao regime comunista da Polônia dos anos 1980. "Ele era estúpido e eu fiz com que ele parecesse inteligente. Era um homenzinho e eu fiz com que parecesse grande." A Aricò, a jornalista contou que seu dilema emergiu quando ela começou a transcrever as fitas da conversa com o sindicalista: "Pensei: escrevo a verdade sobre Walesa, dizendo que ele é um blefe inventado pela Igreja Católica, que é arrogante e fascista, e, dessa forma, faço um favor para os russos e para os poloneses comunistas que querem acabar com ele e com o Solidariedade? Ou escrevo, como todo mundo escreveu, que é uma ótima pessoa e ofereço assim a minha pequena contribuição para a democracia polonesa?". A jornalista ficou com a segunda alternativa. E arrependeu-se: "É a única entrevista da qual não me orgulho."

O pesadelo de Moreno

Jorge Moreno foi o primeiro jornalista a entrevistar a primeira-dama Marisa Letícia da Silva, que talvez não tenha dado mais do que duas entrevistas em sua vida inteira. Na época da campanha presidencial de 2003, o colunista de *O Globo* havia falado com todas as mulheres de candidatos. Ficou faltando só Marisa – cuja assessora, depois da vitória de Lula, continuou prometendo encontro, marcando, adiando, prometendo de novo e assim por diante. Na tentativa de conseguir chegar à primeira-dama, o jornalista recorreu a amigos no governo, colegas que trabalhavam no Palácio do Planalto, parlamentares petistas, Deus e o mundo. Todos sabiam que ele queria uma entrevista com Marisa. Um dia, Moreno encontrou-se casualmente com ela e Lula no restaurante Porcão, no Rio. Quando foi cumprimentar o presidente, Lula virou-se para a mulher e disse: "Esse cara aqui está querendo falar com você. Fala com ele, é amigo nosso". Mais alguns encontros e desencontros com a assessoria da primeira-dama e Moreno finalmente conseguiu marcar o encontro, no hotel Glória, no Rio, onde ela estaria acompanhando o marido em compromissos. Ocorre que, por algum imprevisto da agenda presidencial, Lula, que não deveria estar no hotel no momento da entrevista, estava. E resolveu não só acompanhá-la como ajudar Moreno a fazê-la, já que, inicialmente, Marisa não parecia muito à vontade com o repórter.

"Ele ficou fazendo perguntas a ela: e aquela vez em que você fez isso, me conta o que você mais gosta na vida e tal." Eu estava emocionado com aquilo, já via a entrevista impressa, a página pronta: "Marisa Letícia da Silva, entrevistada por Jorge Moreno e Luiz Inácio

Lula da Silva". Encerrada a entrevista, o jornalista despediu-se do casal, subiu para o quarto para tirar a fita e, nesse momento, viu seu mundo desabar. Materializava-se diante dele o pesadelo dos pesadelos. O comando "pausa", involuntariamente acionado, tinha produzido uma fita em branco. "Eu chorei, chorei e chorei", conta Moreno. Não houve jeito de repetir a conversa. Moreno ainda telefonou para Marisa, contando sua tragédia. A primeira-dama, condoída, aceitou encontrá-lo de novo, mas aí novo azar: marcaram de ver-se no aeroporto Santos Dumont, antes do embarque de volta para Brasília, mas um mal-entendido fez com que se desencontrassem. Como já se contou no início deste livro, no entanto, Moreno é dotado de uma memória de alguns *terabytes*, que faz, inclusive, com que ele opte muitas vezes por dispensar o gravador. Foi essa memória excepcional que salvou o jornalista de voltar para a redação de mãos abanando. Em vez de transcrever a entrevista em formato pingue-pongue – o que nem mesmo ele conseguiria, já que, por achar que teria a conversa gravada, não se preocupou em memorizá-la – a saída foi reunir os melhores momentos e frases do encontro em um texto corrido. A matéria foi publicada e fez grande sucesso. Mas Moreno não se conforma até hoje de ter perdido a oportunidade de assinar uma entrevista em parceria com o presidente.

A não entrevista de Joel Silveira com Getúlio Vargas

Minha história preferida de entrevista fracassada é a que conta o excepcional Joel Silveira no seu livro *A feijoada que derrubou o governo*. O veteraníssimo Joel entrevistou mais presidentes do que alguns colegas entrevistaram gente. Trabalhou com Nelson Rodrigues, morou com Rubem Braga, tomou uísque com Jânio Quadros, cobriu a Segunda Guerra, viu o corpo de Benito Mussolini dependurado em Milão, escreveu reportagens memoráveis e livros deliciosos de contos e de crônicas. Pouco antes de morrer, aos 88 anos de idade, ainda morando em Copacabana, passava as madrugadas ouvindo música clássica, já que, por conta de uma catarata, não escrevia nem lia – limitação que ele minimizava com charme. "Já li tudo o que me interessava – e o que não me interessava também. Até hoje não me perdoo por ter lido Jorge Amado", dizia. Joel se encontrou com Getúlio Vargas pela primeira e única vez em abril de 1954, quatro meses antes do ex-presidente se suicidar. Na ocasião, havia acabado de assumir o cargo de redator-chefe da *Revista da Semana*, semanário carioca que começou a circular em 1900, teve seus dias de glória, mas, naquele momento, encontrava-se em fase aparentemente terminal (mais tarde, a revista foi absorvida pelo *Jornal do Brasil* e durou até 1962).

Empenhado em reerguer o título, Joel buscava "a" matéria – aquela que pudesse ter para a publicação a força de um choque elétrico sobre um coração infartado. Uma entrevista com Getúlio! Foi o que lhe ocorreu numa madrugada insone. Acontece que o presidente já andava, naquele tempo, arredio e acuado. Não era mais visto em público, vivia enclausurado em seu palácio e tampouco dava entrevistas. Para diminuir mais ainda as chances de Joel, desde que Getúlio se instalara no poder, o jornalista nunca havia escrito uma palavra amiga a seu respeito, pelo contrário. Gratuliano de Brito, o dono da *Revista da Semana*, reagiu com ceticismo à ideia do subordinado. "Você não vai nem chegar à porta do Catete", disse. Contra tudo e todos, Joel insistiu no plano e, para levá-lo a cabo, traçou uma estratégia baseada em quatro passos. O primeiro seria chegar, por meio de amigos, a Lourival Fontes, o todo-poderoso assessor de Getúlio que, durante o Estado Novo, havia sido chefe do não menos poderoso DIP (Departamento de Imprensa e Propaganda). O segundo passo seria expor a Lourival "de maneira mais ou menos difusa e reticente" o que pretendia com Getúlio. Joel já decidira que teria que dar a entender que não iria ao presidente "na qualidade de atacante, mas de soldado rendido" – a palavra "entrevista", dessa maneira, deveria ser evitada a todo custo. No singelíssimo plano traçado, o terceiro passo seria convencer Lourival Fontes a conseguir-lhe o encontro com o presidente; e o quarto, chegar ao presidente. O plano estava pensado só até ali.

Tudo correu mais ou menos conforme o previsto: amigos fizeram a ponte para o encontro com Lourival, Joel reuniu-se com o assessor, que, por sua vez, concordou em marcar o encontro com Getúlio. A única coisa que não saiu bem conforme o esperado foi que a tentativa de expor "de maneira mais ou menos difusa e reticente" os motivos pelos quais precisaria encontrar o presidente foi frustrada pela objetividade de Lourival: "Não é entrevista?", perguntou o assessor, na lata. "Não, em absoluto.", Joel foi obrigado a responder. "Nada de entrevista. Sei perfeitamente que o presidente não iria me dizer coisa alguma, agora que está mais calado do que nunca... Nada de entrevista." A ideia que ficou subentendida na conversa com o assessor era de que Joel queria encontrar-se com Getúlio para fazer-lhe um pedido de ordem pessoal, como um emprego.

A descrição dos dez ou quinze minutos em que o jornalista ficou diante do presidente, em seu gabinete no Catete, até ser sumariamente despachado por ele, é o ponto alto da crônica *Primeiro, único e desastrado encontro com Getúlio*, um dos 17 textos que compõem *A feijoada que derrubou o governo*. Ao finalmente ouvir Joel confessar o real motivo da sua presença ("Gostaria que Vossa Excelência respondesse algumas perguntas..."), o presidente simplesmente retirou-se do gabinete, deixando um consternado Joel plantado no meio da sala. "O homenzinho levantou-se, esmagou no cinzeiro de cristal o que restava do charuto e desapareceu por uma porta ao lado, que bateu com força. Nem ao menos me estirou a mão. Apenas a chicotada, e como doeu! E como ainda dói." O plano arquitetado por Joel Silveira para entrevistar Getúlio Vargas pode figurar facilmente entre os piores já traçados por um repórter na busca de uma matéria. Mas, em compensação, resultou

Como transformar uma entrevista em um desastre

em uma das mais deliciosas peças do *new journalism* nativo. Ela termina com o autor saindo do bar onde passou a madrugada, afogando as mágoas da entrevista fracassada: "Lá para a meia-noite entrei no Danúbio Azul, um bar que não existe mais numa Lapa que também não existe mais; e lá fiquei até que a manhã me fosse encontrar – uma das mais radiosas manhãs de abril já neste mundo surgidas, desde que existem mundo e manhãs de abril.".

Bibliografia

ARICÒ, Santo L. *Oriana Fallaci*: the woman and the mith. Illinois: Southern Illinois University, 1998.

BOYNTON, Robert S. *The New New Journalism*. New York: Vintage Books, 2005.

CAPOTE, Truman. *Os cães ladram*: pessoas públicas e lugares privados. Porto Alegre: LPM, 2006.

CLARKE, Gerald. *Capote*. São Paulo: Globo, 2006.

FALLACI, Oriana. *Interview with History*. EUA: Paperback, 1977.

GROBEL, Lawrence. *The art of interview*. New York: Three Rivers Press, 2004.

HITCHENS, Christoper. Oriana Fallaci and the art of interview. *Vanity Fair*, dez. 2006.

HUBER, Jack e DIGGINS, Dean. *Interviewing America's Top Interviewers*. New York: Carol Publishing Group, 1991.

JUNG, Milton. *Jornalismo de rádio*. São Paulo: Contexto, 2004.

KAPUSCINSKI, Ryszard. *O imperador*. São Paulo: Companhia das Letras, 2005.

LAGE, Nilson. *A reportagem*: teoria e técnica de entrevista e pesquisa jornalística. Rio de Janeiro: Record, 2006.

MALCOLM, Janet. *O jornalista e o assassino*: uma questão de ética. São Paulo: Companhia das Letras, 1993.

MARTIN, Roger. *The Interview*. University Research Magazine Association, 2005.

McGRATH, Charles. Gay Taleses's new memoir emerges after 14 tortured years. *The New York Times*, 18 abr. 2006.

METZLER, Ken. *Creative Interviewing: the writer's guide to gathering information by asking questions*. Needham Heights: Allyn & Bacon, 1997.

PERLICH, Martin. *The Art of the Interview*. New York: Empty Press, 2003.

SILVEIRA, Joel. *A feijoada que derrubou o governo*. São Paulo: Companhia das Letras, 2004.

SILVESTRE, Edney. *Contestadores*. São Paulo: W11 Editores, 2003.

TALBOT, Margareth. The Agitator. *The New Yorker*. New York, junho 2006.

TRAMONTINA, Carlos. *Entrevista*. São Paulo: Globo, 1996.

TYNAN, Kenneth. *A vida como performance*. São Paulo: Companhia das Letras, 2004.

A autora

Thaís Oyama é redatora-chefe da revista *Veja*, onde está desde 1999. Já trabalhou na TV Globo (sucursal de Brasília), nas revistas *Marie Claire* e *República* (já extinta) e nos jornais *Folha de S.Paulo* e *O Estado de S. Paulo*. Desde 2003 dá palestras sobre técnicas de entrevista para jornalistas e estudantes de jornalismo.

LEIA TAMBÉM

A ARTE DE FAZER UM JORNAL DIÁRIO
Ricardo Noblat

O autor defende o que pouco se vê no jornalismo atual: o bom faro do verdadeiro jornalista, a formação cultural consistente, a importância da leitura para se escrever bem e a apuração cuidadosa como algo imprescindível a um texto ético e criativo.

ASSESSORIA DE IMPRENSA: COMO SE RELACIONAR COM A MÍDIA
Maristela Mafei

De fundamental importância para grandes e médias empresas, tanto do setor privado quanto público, o trabalho de assessoria de imprensa é esmiuçado neste livro – desde os bastidores das grandes crises às particularidades da profissão.

JORNALISMO DIGITAL
Pollyana Ferrari

O advento da internet abriu um novo campo para a comunicação, com linguagem e desafios próprios. Especialista na área, a autora discute as possibilidades do jornalismo digital no Brasil e avalia as vantagens e desvantagens da informação on-line em comparação aos veículos tradicionais.

JORNALISMO INVESTIGATIVO
Leandro Fortes

Este livro mostra como a investigação deixou de ser um simples preceito para se transformar em uma área de especialização crescente. O autor fornece orientações passo a passo para uma investigação e expõe os bastidores de reportagens investigativas emblemáticas.

LEIA TAMBÉM

JORNALISMO CULTURAL
Daniel Piza

Daniel Piza, um dos principais nomes do jornalismo brasileiro contemporâneo, descreve a fascinante trajetória do jornalismo cultural e dá orientações preciosas a quem se dispuser a produzi-lo.

JORNALISMO DE RÁDIO
Milton Jung

Da dona de casa ao alto executivo, diariamente milhões de pessoas sintonizam a emissora preferida em busca de notícias, informações ou mesmo de uma palavra amiga. Neste livro, Milton Jung fornece orientações práticas para quem pretende ingressar na área e expõe o dia a dia em uma grande emissora.

JORNALISMO DE REVISTA
Marília Scalzo

A autora desvenda os segredos do jornalismo de revista, discute as técnicas de construção de um texto mais arejado, específico ao gênero. Debate ainda a situação e os rumos do mercado de trabalho e convida o leitor para um passeio histórico ao mundo das revistas.

JORNALISMO DE TV
Luciana Bistane e Luciane Bacellar

Este livro, além de expor a rotina dos telejornais e da produção de notícias, mostra que é possível para o jornalista estabelecer a ética como limite e privilegiar a boa informação. As autoras mostram como profissionais e estudantes de Comunicação devem buscar soluções criativas e conquistar a credibilidade dos telespectadores desse fascinante veículo de comunicação.

Leia também

JORNALISMO ESPORTIVO
Paulo Vinicius Coelho

O livro mostra as virtudes e os vícios mais comuns ao ofício, prega a necessidade de uma atuação mais profissional do jornalista esportivo, muitas vezes tido como mero "palpiteiro" pelo público e pelos próprios colegas de profissão.

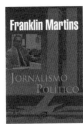

JORNALISMO POLÍTICO
Franklin Martins

Franklin Martins explora de forma prazerosa o dia a dia de um jornalista político e conta como é a relação entre a imprensa e o poder em Brasília. Este livro mostra que é possível para o jornalista exercer sua profissão com responsabilidade e transmitir informação isenta e correta sem se comprometer com conflitos de interesse.

MANUAL DO JORNALISMO ESPORTIVO
Heródoto Barbeiro e Patrícia Rangel

Os autores abordam os temas específicos do jornalismo esportivo e os relacionam às regras da ética e ao interesse público. Apresentam um novo modelo esportivo com o objetivo de melhorar o desempenho da profissão e, finalmente, convidam a refletir sobre os rumos do jornalismo.

ESCREVER MELHOR
Dad Squarisi e Arlete Salvador

É possível transformar um texto comum numa escrita sedutora, gostosa de se ler? As autoras mostram como melhorar um texto, tornando-o conciso, objetivo, claro e sedutor. O livro aponta os defeitos mais comuns – em relatórios, documentos, reportagens, dissertações, teses e petições – e indica como escapar das ciladas da língua portuguesa.

Cadastre-se no site da Contexto

e fique por dentro dos nossos lançamentos e eventos.
www.editoracontexto.com.br

Formação de Professores | Educação
História | Ciências Humanas
Língua Portuguesa | Linguística
Geografia
Comunicação
Turismo
Economia
Geral

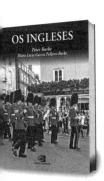

Faça parte de nossa rede.
www.editoracontexto.com.br/redes

GRÁFICA PAYM
Tel. (011) 4392-3344
paym@terra.com.br